La décentralisation fiscale :
Jusqu'où ?

COLLECTION FINANCES PUBLIQUES

Dirigée par Thierry LAMBERT
Professeur à l'Université de Paris 13

NOGUET Michel, **Transition et finances publiques en Hongrie et en Pologne**, à paraître.

WATHELET Jean-Claude, **Budget, comptabilité et contrôle externe des collectivités territoriales**, préface d'Alain Burlaud, 2000.

COULIBALY Alban Alexandre, **Les finances publiques de Côte d'Ivoire. Introduction au droit budgétaire et financier ivoirien**, préface de Florent Bonn, avant-propos de Jean-Pierre Chevalier, 2000.

SEMINAIRE FRANCO-ITALIEN, **les sanctions pénales fiscales**, 2000

DUMAS Georges, **Le miracle socialiste 1981-2000**, préface Dominique TADDEI, 2001.

NOUGAYREDE Delphine, **Construire l'impôt en Russie, Réformes fiscales en URSS et dans la République de Russie de 1987 à 2000**, préface Sergueï SINELNIKOV, avant-propos de Michel DE GUILLENCHMIDT, 2001.

LOPEZ Christian et STOLOWY Nicole (sous la direction de), **La facturation de complaisance dans les entreprises. Fausses factures, factures fictives au regard du droit fiscal et du droit pénal**, 2001.

LAMBERT Thierry (sous la direction de), **Les chantiers fiscaux à engager**, 2002.

BAYLAC Corinne, **Le formalisme du droit fiscal**, préface de Jean LAMARQUE, 2002.

LEFEUVRE André, **le paiement de l'impôt**, préface de Jean LAMARQUE, 2002.

SUAREZ Macrino, **Le système financier espagnol (1986-2001) : l'émergence à la maturité**, préface jacques LEONARD, avant-propos Mariano ABAD, 2002.

CHAUTARD Agnès, **La mutualité de l'instance fiscale et le droit à un procès équitable**, préface de Guy GEST, 2003.

LEROY Marc (sous la direction de), **Fiscalité et évitement de l'impôt en France et en Russie**, préface Dimitri Vladimirovitch ARONOV, 2003

DUMAS Georges, **L'économie française à la dérive (1958-1981)**, préface de Michel ROCARD, 2003.

VAUBAN, **la dîme royale**, 1ère édition 1707, texte commenté par Jean-Marc Daniel, 2004

AYRAULT Jean-Marc, **Le contrôle juridictionnel de la procédure d'imposition**, préface de Jean LAMARQUE et avant-propos d'Yves BRARD, 2004

THOMAS Jérôme Nirmal, **Le contrôle fiscal des opérations internationales**, préface de Guy GEST, 2004.

Collection *finances publiques*

Sous la direction de
Mirko HAYAT et Thierry LAMBERT

La décentralisation fiscale : Jusqu'où ?

COSSIN Jean-Pierre
DOUAT Etienne
EISENBERG Marc
GIRAULT Yannick
HOORENS Dominique
LAURENT Philippe
LECOMTE Didier
LEROY Marc
LOPEZ Christian
ORSONI Gilbert
PHILIP LoÏc
PLAGNET Bernard
SUEUR Jean-Pierre
SUEUR Philippe
VALLETOUX Frédéric
VERMES Jean-Paul

L'Harmattan
5-7 rue de l'Ecole
Polytechnique
75005 Paris
France

L'Harmattan Inc.
55,rue Saint-Jacques
Montreal (Qc) Canada
H2Y1K9

L'Harmattan Hongrie
Hargita u.3
1026 Budapest
HONGRIE

L'Harmattan Italia
Via Bava, 37
10214 Torino
ITALIE

ISBN : 2-7475-7594-2
EAN : 9782747575942

Présentation

Avec cinq textes législatifs majeurs[1] en un an et demi et l'annonce d'une réforme en profondeur de la taxe professionnelle, le thème de la décentralisation aura dominé les débats publics et parlementaires de l'année 2004.

C'est pourquoi, en organisant dès le mois de février 2004 un colloque sur le thème de la décentralisation fiscale, la Chambre de commerce et d'industrie de Paris et le Centre d'études et de recherches administratives et politiques (CERAP) de l'Université Paris 13 , en collaboration avec la Gazette des communes, des départements et des régions, se sont placés au cœur d'une actualité et d'une problématique qui détermineront pour longtemps les règles régissant les nouveaux rapports entre l'Etat, les collectivités territoriales et les citoyens.

Au cours des premières étapes de la décentralisation, les transferts de compétences ne se sont pas, loin s'en faut, toujours accompagnés des transferts de moyens équivalents de la part de l'État, ce qui a rendu nécessaire un

[1] Loi constitutionnelle n° 2003-276 du 28 mars 2003 relative à l'organisation décentralisée de la République (JO du 29 mars 2003). Loi organique n° 2003-705 du 1er août 2003 relative au référendum local (JO du 2 août 2003) Loi organique n° 2003-704 du 1er août 2003 relative à l'expérimentation par les collectivités territoriales (JO du 2 août 2003) Loi organique n° 2004-758 du 29 juillet 2004 prise en application de l'article 72-2 de la Constitution relative à l'autonomie financière des collectivités territoriales (J.O. du 30 juillet 2004). Loi relative aux responsabilités locales (adoptée le 30 juillet 2004).

accroissement de la pression fiscale locale, qui a en grande partie pesé sur les entreprises.

Parallèlement, les bases de ces impôts ont vieilli, ou se sont révélées inadaptées.

Inadaptées déjà par le passé, elles seront demain carrément obsolètes.

La loi constitutionnelle n° 2003-276 du 28 mars 2003 relative à l'organisation décentralisée de la République (*JO du 29 mars 2003*) a apporté aux collectivités territoriales de nouvelles et importantes garanties financières, qui leur permettront sans doute de mettre en oeuvre leurs compétences dans des conditions plus sûres.

Afin de faire respecter ces garanties, une loi organique sur les finances locales a été adoptée. (*Loi organique n° 2004-758 du 29 juillet 2004 prise en application de l'article 72-2 de la Constitution relative à l'autonomie financière des collectivités territoriales, J.O. du 30 juillet 2004*).

Elle précise les conditions dans lesquelles sera mise en œuvre la nouvelle règle qui prévoit que les recettes fiscales et les autres ressources propres des collectivités territoriales représentent, pour chaque catégorie de collectivité, une part déterminante de l'ensemble de leurs ressources.

La loi relative aux responsabilités locales qui détaille, thème par thème, les compétences qui seront décentralisées aux collectivités locales (avec 203 articles, c'est la plus longue loi de cette législature) a elle, après avoir été déposée au Sénat le 1er octobre 2003, été adoptée définitivement le 30 juillet 2004.

Le présent ouvrage recense toutes les contributions à ce colloque du 11 février 2004, qui a permis la confrontation d'opinions variées d'élus locaux, de chefs d'entreprises, d'universitaires et de praticiens de la fiscalité.

En cela, il est un élément important du débat, qui ne fait que s'ouvrir, sur l'avenir des ressources fiscales de collectivités territoriales.

Nous remercions l'ensemble des participants aux débats, les rapporteurs et les présidents des différentes tables rondes.

Mirko Hayat Thierry Lambert

Propos introductif

Bernard Plagnet
Professeur à la Faculté de Droit de Toulouse 1
Ancien membre du Conseil des impôts

Le thème du colloque étant « la décentralisation de la fiscalité locale », on peut se poser deux questions portant, respectivement, sur les deux parties de ce titre.

I- Quelle fiscalité locale ?

A) Qu'est ce qu'un impôt local ?

1) Dans notre conception, l'impôt est local à trois points de vue :

-les bases sont localisables ;

-le vote des taux est local ;

-la décision d'utilisation le produit des impôts est locale.

On peut remarquer qu'il n'y a pas de nécessité absolue de lier ces trois éléments : on pourrait les dissocier et c'est peut être dans cette direction qu'il faut chercher les voies d'une éventuelle réforme. Bien entendu, la dernière caractéristique,la décision d'utilisation, devra être préservée sous peine d'attenter à l'autonomie des collectivités territoriales.

2) Mais interrogeons nous rapidement sur l'évolution de ces différents éléments :

a) Les bases actuelles sont évidemment inadaptées :

Pour au moins deux raisons :

Les valeurs locatives qui constituent désormais l'essentiel des bases sont peu évolutives, d'autant qu'elles n'ont pas été mises à jour et que cette mise à jour apparaît difficile à mettre en œuvre.

Mais, deuxième inadaptation, en réalité, les bases des impôts locaux sont, en réalité, des bases « mixtes ». Raisonnons sur les deux principaux impôts locaux.

La taxe d'habitation est plafonnée en fonction des revenus[1] et comme l'écrit M .Fréville dans son rapport précité (p. 12), « les allègements individuels transforment partiellement la taxe d'habitation en un impôt sur le revenu ». Ces dégrèvements déconnectent donc le poids de l'impôt du montant des dépenses locales. Comme l'écrit encore M Fréville (p. 20), « le contribuable dégrevé n'a plus d'intérêt à fuir les communes surimposées en votant avec les pieds. Il a sans doute au contraire intérêt à s'y déplacer pour bénéficier des services locaux développés…financés par l'Etat ». Cela ne contribue certes pas à la clarté !

Des remarques similaires peuvent être faites pour la taxe professionnelle et, notamment, pour le plafonnement en fonction de la valeur ajoutée. Pour un certain nombre d'entreprises, la véritable base c'est, en principe, 3,5 % de la valeur ajoutée (pour un peu plus de 200 000 entreprises). Mais là encore le système est peu clair ; rappelons, en effet, que pour calculer le dégrèvement résultant du plafonnement

[1] V. Article 1417 du CGI

en fonction de la valeur ajoutée, il faut tenir compte d'une cotisation « fictive » dite cotisation de référence calculée en appliquant aux bases réelles de l'année d'imposition le taux d'imposition de l'année 1995. Les taux ayant augmenté depuis 1995, pour de nombreuses entreprises le plafonnement ne se situe plus à 3,5 % mais à un pourcentage supérieur.

Conclusion : les bases sont peu évolutives et pour le moins opaques !

b) L'évolution des taux :

On peut mettre l'accent sur deux évolutions essentielles.

1 - La nouvelle répartition dans l'évolution des taux votés par les collectivités territoriales :

La loi établissait un « parallélisme » entre l'évolution des taux de la taxe professionnelle et des taux des autres taxes. Mais cet équilibre a été rompu à partir de 2003. En effet, à compter de 2003, les collectivités territoriales peuvent augmenter leur taux de taxe professionnelle, par rapport à l'année précédente, dans la limite d'une fois et demie l'augmentation de leur taux de taxe d'habitation ou, si elle est moins élevée, de leur taux moyen pondéré de la taxe d'habitation et des taxes foncières[2].

2 - Le développement de l'intercommunalité :
Selon le bilan annuel établi par la direction générale des collectivités locales (29 janvier 2004) 1028 établissements publics de coopération intercommunale (EPIC) pratiquent le système de la taxe professionnelle unique. Il s'ensuit donc une évolution sensible de la détermination du niveau des

[2] Article 1636 B sexies-I-4 du CGI

taux, notamment en vue de l'unification progressive des taux[3].

Compte tenu de tous ces inconvénients, l'Etat prend de plus en plus en charge des impôts locaux, d'où une deuxième question.

B) La fiscalité locale existe-t-elle ?

Divers rapports parlementaires ont mis l'accent sur ce phénomène de « renationalisation » des impôts locaux.[4]
On dispose des chiffres définitifs pour 2002 et la synthèse est la suivante[5].
Les collectivités territoriales ont perçu 66,8 Milliards € au titre du produit de la fiscalité directe locale, dont 12,4 Milliards € de compensations versées par l'Etat et 54,4 Milliards € de produit fiscal.
Mais, au sein de ces 54,4 Milliards €, 9,9 Milliards € n'ont pas été payés par les contribuables locaux mais pris en charge par l'Etat au titre des dégrèvements.

Les résultats globaux sont les suivants :

Sur une recette totale de 66,8 Milliards €, 44,5 Milliards € (66 %) ont été versés par le contribuable local en 2002 et 22,3 Milliards € ont été versés par l'Etat. L'Etat contribue donc à hauteur de 33 % au produit de la fiscalité directe locale.

---

[3] V. notamment, Instr. 31 mai 2000 : DF 26 / 2000, 12 481

[4] On peut citer, notamment, les rapports du Sénateur Bourdis en juin 2003 sur les finances locales en 2003, le rapport du Sénateur Fréville (novembre 2003 : rapport n° 71 : « La taxe d'habitation est-elle encore un impôt local ?) ainsi que le rapport de la commission des finances de l'Assemblée nationale sur la loi de finances pour 2004

[5] Rapport n° 110, annexe 29 de la commission des finances de l'Assemblée nationale sur le projet de loi de finances pour 2004, p. 46

Si on examine la situation pour chacun des impôts on aboutit aux résultats suivants (v. notamment le rapport, précité, de M.Bourdis) ; l'Etat a pris en charge, en 2002,

- 33,2 % du produit de la taxe d'habitation ;
- 4,9 % du produit des taxes foncières ;
- 48,6 % du produit de la taxe professionnelle.

En conséquence, on assiste à une rupture entre le contribuable local et le contribuable national.

Il faut de plus souligner les effets pervers des modalités de la compensation des réformes des impôts locaux par l'Etat. Sont avantagés, les départements les plus urbanisés, c'est-à-dire ceux qui, en l'absence de compensations auraient dû voter les taux les plus élevés pour obtenir un montant de taxe égal aux compensations. Comme l'a écrit sobrement un parlementaire en une phrase qui suffit à condamner assez largement le dispositif, « On constate ainsi que les zones les plus défavorisées payent pour les zones les plus favorisées »[6]

II Quelle décentralisation ?

A) Conserver les impôts actuels rénovés ?

Est-il possible de les rénover? Notamment, d'actualiser les valeurs locatives ? Les réponses à ces questions ne sont nullement évidentes en raison des risques élevés de transferts de charges entre contribuables. Politiquement, il s'agit de réformes difficiles.

---

[6] M.Dosière, rapport pour avis de la Commission des Lois de l'Assemblée Nationale sur le projet de loi de finances pour 2000, Tome IV, p. 51.

B) Adopter des bases qui ne sont pas nécessairement locales :

Deux solutions apparaissent possibles :

a) Affectation d'impôts d'Etat :

Cette solution est adoptée dans certains Etats, mais elle présente l'inconvénient de limiter les possibilités offertes aux collectivités locales puisque les éléments essentiels du calcul de ces impôts et les modalités de leur répartition leur échapperaient en grande partie. La France s'est engagée dans cette direction.

C'est ce qui a été décidé, par exemple, pour compenser le transfert aux départements des compétences en matière de revenu minimum d'insertion (RMI) ou de revenu minimum d'activité (RMA) :

La loi de finances pour 2004 (article 59) aménage les modalités de la compensation financière de ce transfert de compétence.
Ces nouvelles charges seront financées par l'attribution d'une fraction d'impôt d'Etat, la taxe intérieure sur les produits pétroliers (TIPP).

Le montant des ressources attribuées aux départements est égal au coût des dépenses exécutées par l'Etat en 2003, d'où la formule générale :

Montant des transferts au bénéfice de l'ensemble des départements = Montant des dépenses exécutées par l'Etat en 2003 = Montant de TIPP transféré à l'ensemble des départements.

Soit un total de 4,9 Milliards d'€uros.

b) Attribution de recettes fiscales partiellement déterminées par les collectivités bénéficiaires

- Les possibilités ouvertes par le projet de loi constitutionnelle

Cette possibilité est ouverte par la Constitution : elle prévoit que la loi peut autoriser les collectivités à fixer l'assiette et le taux des impôts qui leur sont affectés dans les limites qu'elle détermine (article 72-2 , alinéa 2).

On peut remarquer que, d'ores et déjà, les collectivités locales disposent de possibilités de faire évoluer l'assiette des impôts locaux ; par exemple, le vote d'abattements sur la base de la taxe d'habitation[7], les exonérations de taxe professionnelle dans le cadre de la politique d'aménagement du territoire[8].

Mais la Constitution prévoit quelques limites à ces transferts, notamment : « Les recettes fiscales et les autres ressources propres des collectivités territoriales représentent, pour chaque catégorie de collectivités, une part déterminante de l'ensemble de leurs ressources. La loi organique fixe les conditions dans lesquelles cette règle est mise en œuvre ».

Selon le projet de loi organique, « Les ressources propres comprennent : les impositions de toutes natures, les redevances pour services rendus, les produits du domaine, les participations d'urbanisme, les produits financiers et les dons et legs » (article 2).

---

[7] Article 1411 du CGI
[8] Article 1465 du CGI

L'exposé des motifs de l'article 3 précise les modalités de calcul de cette part déterminante :

a) La part des ressources propres est calculée en rapportant le montant de ces dernières à celui de la totalité de leurs ressources, à l'exclusion des emprunts, des ressources correspondant au financement par l'Etat des compétences transférées à titre expérimental ou mises en œuvre par délégation de l'Etat et des transferts financiers entre collectivités d'une même catégorie.
Les transferts financiers entre collectivités territoriales d'une même catégorie, comme les transferts financiers entre communes et établissements de coopération intercommunale, sont exclus de cette définition afin d'éviter les doubles prises en comptes.

b) La part déterminante est définie comme celle qui garantit la libre administration des collectivités territoriales, au regard de la nature des compétences qu'elles ont à exercer. Ce qui constitue une définition très floue !

Il reviendra au Conseil constitutionnel au regard des compétences des collectivités, de vérifier que le niveau des ressources propres de chaque catégorie de collectivités est suffisant pour garantir la libre administration de celles-ci.

Toutefois, le projet de loi organique propose que le niveau d'autonomie atteint en 2003, c'est-à-dire l'année où la réforme de la taxe professionnelle est achevée, constitue un seuil au dessous duquel ne peut être ramenée la part des recettes fiscales et autres ressources propres. Cette disposition garantit la fin du mouvement de remise en cause de la fiscalité locale constaté ces dernières années.

Mais une des questions essentielles demeure l'interprétation de cette notion de part déterminante. Si cette part déterminante ne peut être inférieure à celle constatée en 2003, faudra-t-il déterminer cette dernière à partir des ressources fiscales locales de 2003, déduction faite des dégrèvements législatifs financés par le contribuable national, ou ne faut-il pas déduire ces compensations. C'est une question évidemment importante si on veut « recycler » les dégrèvements législatifs en dotations de péréquation tenant compte notamment du revenu moyen de la collectivité locale[9]

Le cas échéant, il faudra éviter les risques de « dumping fiscal » entre les collectivités territoriales.

---

[9] V. le rapport, précité, de M Fréville, p. 109

La fiscalité locale est-elle réformable ?

Sous la présidence de

Philippe Sueur

Doyen honoraire de l'UFR de Droit, Sciences politiques et sociales de l'Université Paris 13

Maire d'Enghien les Bains – Conseiller Général du Val d'Oise

La réforme des impôts directs locaux a été décidée par une ordonnance du 7 janvier 1959. Elle était conditionnée par l'exécution de la révision des évaluations foncières des propriétés bâties et des propriétés non bâties. C'est à l'issue des travaux de cette révision, d'une importance sans précédent, que sont entrées en vigueur, le 1er janvier 1974, les deux taxes foncières sur les propriétés bâties et non bâties et la taxe d'habitation, et le 1er janvier 1976, la taxe professionnelle.

Ainsi a pris fin, au profit d'un ensemble d'impôts directs locaux établis sur des bases homogènes, déterminées d'une manière rationnelle, le système plus que séculaire des « quatre vieilles » dont l'archaïsme et la complexité désuète étaient unanimement réprouvés.

La loi du 10 janvier 1980, qui ne compte pas moins de 35 articles dont certains forts complexes, a été l'occasion d'aménager la fiscalité locale. L'abandon du système de répartition au profit du vote direct des taux de ces impôts par les élus a été un point fort de la réforme. La limitation des transferts de charge pour les contribuables, et en particulier pour les entreprises soumises à la taxe professionnelle, et la réduction des écarts de pression fiscales entre les contribuables locaux ont été les préoccupations majeures du législateur.
Aujourd'hui, le système peine à être réformé. Il convient d'en analyser les causes si l'on veut y apporter quelques solutions.

Réflexion sur le blocage de la réforme de la fiscalité locale

Marc Leroy
Professeur à l'Université de Champagne-Ardennes
Responsable des études du Centre de recherche sur la décentralisation territoriale

Il s'agit dans cette contribution de proposer quelques pistes de réflexions sur les causes du blocage de la réforme de la fiscalité locale. Malgré les nombreuses critiques et les propositions de réformes disponibles, notre système d'impôts locaux semble impossible à réformer en profondeur ; l'immobilisme structurel paraît inévitable, comme le montre la référence à la logique des quatre vieilles révolutionnaires pour les actuels impôts directs locaux. Même s'il convient de nuancer la critique en fonction des impôts concernés et des ajustements opérés, les diagnostics convergent quant au caractère archaïque, inégalitaire, anti-économique, complexe, opaque du système fiscal local. S'agissant des propositions de réformes, le marché des idées est abondant tant du côté des experts que du côté des politiques. Bien plus, comme on le sait, diverses réformes significatives adoptées par le Parlement sont restées lettre morte.

On est en présence d'une énigme dont l'équation est paradoxale puisqu'une non décision politique répond à un problème inscrit régulièrement sur l'agenda des autorités publiques avec des solutions expertes et/ou politiques établies. Il est donc intéressant de regarder dans la boîte à outils du sociologue pour tenter d'expliquer cette inertie qui se traduit par un mode de changement par l'ajustement. Ici, les explications disponibles,- multiplicités des acteurs de la décentralisation, crainte des transferts de charges, manque de volonté politique... -, posent plus de questions qu'elles n'en résolvent, d'autant que les considérations historiques ou comparatives attestent la réalité des mutations fiscales radicales.

L'évolution historique du système fiscal local traduit, à de rares exceptions près, une logique de l'ajustement qui demande à analyser la manière dont le problème de la fiscalité locale est posé dans le contexte français d'une régulation des moyens financiers coupée de toute référence à un projet de société décentralisée.

I) La logique de l'adaptation

Même si historiquement le poids des impôts indirects tirés de l'octroi, puis de la taxe locale, ne doit pas être omis, la fiscalité locale est aujourd'hui constituée principalement du produit des quatre impôts directs locaux[1]. Les critiques récurrentes de la fiscalité locale ne traduisent pas (ou plus) une contestation sociale ouverte, ce qui est à relier à la rareté historique des réformes radicales, la période actuelle privilégiant jusqu'ici l'ajustement graduel.

1) La critique sans contestation sociale

Les défauts des « quatre vieilles » taxes révolutionnaires, impôts d'Etat devenus impôts locaux à partir de 1917, sont dénoncés régulièrement. Les impôts locaux sont archaïques, inégalitaires, inefficaces, peu transparents, et de plus en plus « nationaux » car l'Etat compense les nombreuses exonérations qu'il accorde par voie législative. Calculés à

---

[1] 75 % des recettes fiscales pour les communes et les départements, 65 % pour les Régions : *Les Collectivités locales en chiffres*, D.G.C.L., 2004.

partir des valeurs locatives cadastrales[2] fixées dans les années 1970, ils sont déconnectés du marché immobilier et engendrent des distorsions, par exemple entre les logements neufs et anciens. De caractère essentiellement indiciaire[3], ces impôts réels ne sont pas conçus pour prendre en compte les revenus et la situation personnelle du contribuable, mais appréhendent indirectement sa « richesse » à travers la catégorie du logement. La taxe professionnelle (TP) focalise les critiques, malgré son bon rendement pour les collectivités locales (50 % du total des impôts locaux), par son caractère antiéconomique : avant la réforme de 1999, la taxe professionnelle frappait les investissements et les salaires des entreprises ; depuis la loi de finances pour 1999, elle est devenue un impôt sur le capital.

Outre ces défauts des bases d'imposition, l'inégalité des taux d'imposition est critiquée, même si elle est à mettre en relation avec la liberté[4] du vote des taux par les collectivités locales. La taxe professionnelle est à l'origine des principales inégalités entre collectivités locales qui se livrent à une concurrence dommageable. Le cas des villes-centres,- qui focalisent les charges de centralité, alors que les zones industrielles à faible fiscalité sont implantées dans des communes périphériques-, est bien connu. Il faut rappeler aussi que les communes sans entreprises avec de fortes charges de fonctionnement sont dans une situation difficile. De même, le dumping fiscal entre les communes pour attirer des activités n'est pas sain. Le bilan sévère du 15ème rapport du Conseil des impôts de 1997 reste largement valable (disparités de taux de 1 à 44 pour les communes, de 1

---

[2] La valeur locative cadastrale représente le loyer théorique que rapporterait le bien sur le marché.

[3] Pour la taxe professionnelle, seule la (petite) partie des biens passibles d'une taxe foncière est indiciaire.

[4] C'est une liberté encadrée par la loi qui prévoit un certain nombre de contraintes pour modifier les taux.

à 4 pour les départements et de 1 à 3 pour les régions), même si les mécanismes de taxe professionnelle unique (TPU) peuvent atténuer, sur les territoires circonscrits par l'intercommunalité, ces disparités.

Mais ces critiques techniques ne permettent pas de conclure à une contestation sociale des impôts locaux, comme par ailleurs l'absence de révolte fiscale ne traduit pas forcément l'acceptation sociale de l'impôt. Les données sociologiques sur la question sont rares en France. L'importance et la nature du contentieux des impôts locaux forment un indicateur, mais actuellement celui-ci conduit plutôt à des généralités peu solides, en l'absence d'une véritable analyse de contenu des réclamations par un spécialiste de sciences sociales. Comme le note le Conseil des impôts : « il n'est pas facile d'expliquer le sens de cette évolution (mais) la relative stabilité du nombre total des réclamations ne conduit pas à penser que les contribuables se montreraient plus revendicatifs que par le passé »[5].

Une autre source éparse est donnée par les sondages. Ici, un résultat semble néanmoins bien établi, à savoir que les contribuables méconnaissent profondément la fiscalité locale qu'ils considèrent comme dédiée uniquement aux communes[6]. Il est clair que les départements et régions sont plus à l'abri des contestations que les communes, où le vote peut sanctionner les injustices fiscales ressenties. De même, les critiques des entreprises sont mieux connues par les canaux d'expression corporatiste (MEDEF…). Il convient, on y reviendra, de questionner le sens d'une démocratie locale fiscale, qui passe au minimum par une meilleure lisibilité de

---

[5] Conseil des impôts, *Les relations entre les contribuables et l'administration*, 20ème rapport, 2002, p.90.

[6] Selon une enquête citée par *Le Monde* du 4/12/1996, 70 % des personnes interrogées, et 90 % parmi celles qui paient les impôts locaux répondent que la fiscalité locale va exclusivement aux communes.

l'impôt, et non pas par l'actuel empilement des impôts locaux. La sociologie fiscale porte plutôt à la spécialisation des impôts locaux. Elle ne confirme pas l'idée reçue d'une aversion systématique du contribuable à l'impôt qui conduirait le citoyen irrationnel à toujours exiger la baisse des impôts et l'augmentation des dépenses publiques. Pourtant la crainte des transferts de charges, et donc des réactions des citoyens, est souvent invoquée pour expliquer le blocage des réformes radicales.

2) La rareté des réformes radicales

Les propositions de réforme radicale du système fiscal local ne manquent pas, mais sont rarement mises en œuvre ; bien plus, plusieurs réformes ambitieuses ont été adoptées par le Parlement mais sont demeurées inappliquées.

Historiquement, l'immobilisme du système fiscal local semble inexorable[7]. Le changement radical de la fiscalité révolutionnaire (de l'Etat à l'époque) ne s'est pas reproduit. Le problème était alors de construire un nouveau système fiscal[8], en excluant le maintien des impôts indirects et des impôts personnels (taille, capitation, vingtième, dîme).

---

[7] Nizet (J.Y.), « Impôts directs locaux : un bel exemple de pérennité fiscale », *Revue française de finances publiques*, n°42, 1993, p.93-150. Hertzog (R.), « L'éternelle réforme des finances locales », in Isaïa (H.), Spindler (J.), *Histoire du droit des finances publiques*, vol.3, Paris, Economica, 1988, p.9-93. Bouvier (M.), *Les finances locales*, Paris, L.G.D.J., 2002, p.37. Orsoni (G.) ; « L'évolution des ressources fiscales locales », *Revue française de finances publiques*, n°81, mars 2003, p.159-171.

[8] Seule l'idée d'un impôt de répartition et non de quotité est maintenue pour garantir le recouvrement.

La gabelle par exemple, impôt essentiel de l'Ancien régime[9], est abolie pour calmer « la continuation des désordres »[10]. Le référentiel de la politique fiscale révolutionnaire est alors global : économique en application de la leçon des physiocrates en faveur de l'impôt foncier, politique comme concrétisation de principe des facultés contributives, et sociologique pour éviter d'alimenter les révoltes fiscales inspirées des réactions contre l'arbitraire de l'Ancien régime. Il propose une conception juste (dans le contexte social de l'époque) du système fiscal[11], même si par la suite des critiques vont remettre en cause les inégalités entre individus, les privilèges des propriétaires riches bénéficiant du principe de la fixité de la valeur cadastrale (intangible), et l'inadaptation de la fiscalité foncière au poids des revenus industriels dans l'économie.

Le cas des centimes additionnels, ces drôles d'impôts locaux[12] restés en vigueur pendant presque deux siècles (de 1791 à 1973), est exemplaire de la pérennité de la fiscalité locale. Faute de mettre en place des recettes de substitution, et pour éviter les transferts de charges, l'ancien système (remanié ponctuellement) est maintenu, sauf que les centimes additionnels sont calculés par la suite sur des principaux

[9] La Constituante tente au départ de maintenir certains impôts comme la gabelle, impôt essentiel de l'Ancien régime : cf. Marion (M.), *Dictionnaire des institutions de la France*, Ed. Picard, 1989, p.247.

[10] Ardant (G.), *Histoire de l'impôt*, Paris, Fayard, 1972, p.176.

[11] La fiscalité réelle indiciaire évite l'inquisition vexatoire du fisc, elle se fonde sur les indices objectifs de la valeur des biens fonciers, consignée une fois pour toutes (principe de fixité interdisant toute révision) dans un cadastre classant les propriétés ; la décentralisation de la fixation de l'impôt, confiée à des répartiteurs locaux, se voulait un gage d'impartialité et de réalisme.

[12] Blanc (J.), « Le centime additionnel, un drôle d'impôt local », *Revue française de finances publiques*, n°54, 1996, p.141-147.

fictifs[13]. La création de l'impôt sur le revenu par les lois du 15 juillet 1914 et du 15 juillet 1917 offrait pourtant une opportunité idéale pour réformer les anciennes contributions directes qui, avant même de devenir des impôts locaux, étaient considérées comme injustes et anti-économiques.

L'octroi mérite une place de choix. A l'origine, l'octroi est un droit de lever l'impôt qui est concédé par le roi à des communautés de l'Ancien régime. Cet impôt, qui frappe les marchandises à l'entrée des villes, est supprimé en 1791 par la Constituante pour se conformer aux cahiers de doléances réclamant la suppression des impôts indirects. Il est rétabli sous le Directoire et subsiste jusqu'à la création de la taxe locale en 1941. L'octroi a un fort rendement : par exemple, à Sedan[14], il rapporte jusqu'à 1850 au moins 75 % des recettes régulières de la ville, puis 2/3 de 1850 à la fin du XIX, et encore 50 % en 1913. L'octroi illustre la contradiction constante de la fiscalité locale écartelée entre le rendement de l'impôt et l'équité : malgré les critiques, faute d'une ressource de substitution, il perdure. Une enquête de 1870 diligentée par le gouvernement permet de connaître les arguments de la défense de l'octroi. Selon la délibération du Conseil municipal de Sedan du 24 mars 1870 (retrouvée dans les archives locales) : l'octroi est indolore, « *de telle sorte que chaque citoyen en même temps qu'il acquitte sa dépense de chaque jour, acquitte sa part des dépenses communales* ». L'octroi est juste car « *celui qui consomme le plus (...) est celui qui paie la plus grosse part de l'impôt, et (...) celui qui s'abstient par économie, comme celui que la pauvreté arrête, est dispensé d'une part des dépenses communales, en*

[13] Pour la contribution foncière bâtie, le principal devient fictif avec la loi du 8 août 1890, pour le foncier non bâti avec la loi du 29 mars 1914, et pour les autres contributions (patente, contribution mobilière, impôt sur les portes et fenêtres) avec la loi du 31 juillet 1917.

[14] Leroy (M.), Tisserand (A.), *Sedan, ses deniers, ses archives du XVI au XIX siècle*, Langres, Editions Dominique Guéniot, 2003.

proportion de son abstention. La vérité est donc que l'impôt indirect divisé, acquitté insensiblement, est plus juste, plus léger, plus doux pour le pauvre ». L'octroi a un tarif modéré et, ultime argument, est difficile à supprimer du fait de son rendement budgétaire : *« mais le Gouvernement doit considérer autre chose : avant de supprimer un impôt, il faut savoir par quoi on le remplacera »*.

Finalement, une solution est trouvée par la substitution de la taxe locale à l'octroi : une autre période de stabilité fiscale s'ouvre, mais plus courte du fait de l'introduction de la TVA par la loi du 10 avril 1954, et surtout de sa généralisation à partir de 1968 au commerce de détail dans le cadre de la 2ème directive européenne. On connaît les vicissitudes de la taxe locale, véritable vache à lait des collectivités locales, avec le remplacement par la taxe sur les salaires puis le versement représentatif de la taxe sur les salaires (V.R.T.S) qui conduira à la première mouture de la dotation globale de fonctionnement appliquée en 1979. Il faut souligner la continuité des solutions choisies, avec le maintien de l'impôt indirect sur la dépense (octroi puis taxe locale) et le recours à un principal fictif (VRTS), et donc le refus des autres solutions, comme le partage d'impôts directs de l'Etat. S'agissant de la réforme de la taxe locale, il faut aussi souligner que le changement relève d'un effet d'interdépendance avec la TVA qui condamnait cet impôt économiquement non neutre.

La liste des réformes adoptées mais non appliquées conforte cette analyse de la pérennité des structures de la fiscalité locale. La réforme des impôts directs, déjà envisagée par Caillaux en 1896, devra attendre, malgré la multiplication des rapports parlementaires, l'ordonnance du 7 janvier 1959 qui traduit une volonté plus forte de réforme, même si son application n'a pas été immédiate. Ainsi, les exemples de réformes avortées abondent. L'impôt sur les portes et fenêtres, dont les défauts[15] étaient criants, est supprimé par la loi du 18 juillet 1892, mais continue à être perçu jusqu'à la loi du 19 juillet 1925. La substitution de la valeur ajoutée pour les bases de la taxe professionnelle prévue par la loi 10 janvier 1980 n'est pas mise en œuvre, en attente d'une loi. La substitution du revenu pour la part départementale de la taxe d'habitation par la loi de finances pour 1990 reste lettre morte. La révision des valeurs locatives cadastrales (V.L.C.) prévue par la loi du 30 juillet 1990 est ajournée par la loi de finances pour 2000, malgré le rappel de la loi du 4 février 1995... La logique prédominante en matière de fiscalité locale est bien celle de l'ajustement graduel.

3) Le gradualisme de l'évolution récente

Il faut d'abord préciser que la logique de l'ajustement graduel est renforcée par l'interventionnisme économique et social qui est plus facile à exercer pour nos impôts locaux que pour les impôts d'Etat. Cela dit, dans la période récente, deux réformes, celles de 1959 et de 1980, marquent l'évolution de la fiscalité locale. L'ordonnance du 7 janvier 1959 prévoit la suppression des quatre anciennes contributions directes[16], dont la répartition était injuste, et la généralisation de la valeur locative cadastrale comme unité de mesure des facultés contributives des contribuables[17]. La mise en œuvre

[15] Source d'inégalités entre zones rurales et urbaines, il fait double emploi avec l'impôt mobilier et l'impôt foncier sur les constructions : Lambert (T.), « L'assiette des impôts locaux, note pour une recherche historique », in Isaïa, Spindler, op.cit., p.267-291.

[16] La contribution foncière des propriétés bâties devient la taxe foncière sur les propriétés bâties, la contribution foncière des propriétés non bâties devient la taxe foncière sur les propriété non bâties, la contribution mobilière devient la taxe d'habitation, la contribution des patentes devient la taxe professionnelle.

[17] L'ancienne valeur locative cadastral n'était utilisable juridiquement que pour l'assiette des contributions foncières et représentait des loyers

effective de cette adaptation de la fiscalité locale, qui est pourtant portée par une ordonnance, a demandé un certain délai : en effet, la patente supprimée par le texte subsiste jusqu'à 1976, date du remplacement par la taxe professionnelle, la révision des valeurs locatives cadastrales, qui conditionne l'application de la réforme, attendra 10 ans, et la commission chargée de fixer les barèmes de la taxe professionnelle ne verra jamais le jour.

La loi du 10 janvier 1980 instaure le vote direct des taux par les collectivités locales, l'objectif étant de responsabiliser les élus, de simplifier, et de rendre plus lisible la fiscalité pour le contribuable. En effet, avec le système de répartition, les élus votaient le produit attendu des impôts locaux, mais sans pouvoir apprécier facilement l'incidence sur les taux. Cette réforme s'inscrit dans la logique de l'adaptation en prévoyant des majorations forfaitaires annuelles, une actualisation triennale et une révisions des valeurs locatives tous les 6 ans. Le rapport Voisin, qui avait ouvert la réflexion sur cette réforme, précise d'ailleurs explicitement (dans son intitulé) qu'il s'agit d'un aménagement de la fiscalité directe locale[18].

Les autres adaptations concernent notamment le mouvement de personnalisation de la taxe d'habitation, et la liaison des taux (aujourd'hui remise en cause) au regard de la charge respective des ménages et des entreprises. Plus récemment, diverses mesures ont conduit à diminuer la part de la fiscalité locale, alors même que, par le jeu des dotations de compensations, l'Etat accentue sa position de premier contribuable local : suppression de la part régionale des

---

obsolètes (1925 ou 1939 pour le foncier bâti, 1961 pour le non bâti : cf. Lambert (T.), *Impôts directs locaux*, Paris, Economica, 2ème edition, 1987 p.17.

[18] Rapport présenté au nom de la Commission spéciale chargée d'examiner le projet de loi de réforme concernant l'aménagement de la fiscalité directe locale, Doc. A.N., n°1043, 9 mai 1979.

droits de mutation (1998), suppression de la part régionale de la taxe d'habitation (2000) qui est devenue, par le jeu des exonérations et des dégrèvements, un impôt à assiette mixte prenant en compte le revenu et la valeur locative cadastrale[19], suppression de la vignette (2001), sans oublier le cas de la taxe professionnelle qui est exemplaire de cette logique de l'adaptation (gradualisme). Une certaine spécialisation se crée, depuis les lois ATR du 6 février 1992 et Chevènement du 12 juillet 1999, en particulier avec le succès de la taxe professionnelle unifiée (TPU) qui est attribuée aux établissements publics de coopération intercommunale (EPCI).

Le cas de la taxe professionnelle est exemplaire de cette logique de l'adaptation. Un projet de loi du 30 janvier 1974, en remplacement de la patente, prévoyait d'instituer la TP avec un élément de la base calculé sur les bénéfices des entreprises, ce qui est novateur au regard du principe des capacités contributives. Le projet est toutefois abandonné avec la nouvelle majorité présidentielle (décès du Président Pompidou), par crainte semble-t-il de pénaliser les petites entreprises[20]. De même, avec la loi de 1980, l'ambition réformatrice est assez marquée puisque le texte prévoit de prendre en compte la valeur ajoutée dans la base, mais là non plus sans effectivité, au regard des transferts de charges simulés. Enfin, la proposition du Conseil des impôts en 1997 d'instaurer progressivement un taux national unique a soulevé un tollé de la part des élus locaux[21].

---

[19] Comme le souligne le sénateur Fréville : « la taxe d'habitation n'est plus un vrai impôt local » puisque le lien avec la taxation de l'habitation n'existe plus pour la moitié des contribuables dont on prend en compte le revenu pour dégrever partiellement ou totalement la taxe d'habitation ; Sénat, Rapport n°71, *Les dégrèvements d'impôts locaux*, 2003.

[20] Cf. pour une analyse complète de la taxe professionnelle, Hayat (M.), *Taxe professionnelle, Naissance et transformation d'un impôt à travers 25 ans de réformes*, Paris, Economica, 2003.

[21] Conseil des impôts, *La taxe professionnelle*, 15ème rapport, 1997.

La taxe professionnelle a donc fait l'objet de diverses adaptations : l'écrêtement des bases, pour les entreprises situées au dessus de la moyenne, par rapport à la patente de 1975 ; le plafonnement de la base taxe professionnelle en fonction de la valeur ajoutée (loi du 10 janvier 1980), mécanisme fondamental qui a permis à la taxe professionnelle de survivre en s'adaptant aux capacités contributives des entreprises, la baisse du coefficient pour la base salaires de 20 à 18 % (loi de finances rectificative du 28 juin 1982) qui répondait au souci du gouvernement Mauroy de favoriser l'emploi en diminuant la charge des entreprises[22] ; le dispositif de réduction pour embauche et investissement (REI) mis en place par la loi de finances du 30 décembre 1986, l'abattement général sur les bases de 16 % en 1987, etc.

Il faut ensuite mentionner le cas de la suppression de la part salariale sur 5 ans par l'article 44 de la loi de finances pour 1999. Cette disposition s'inscrit dans un ensemble de mesures en faveur de l'emploi, et non pas dans une volonté de réformer la fiscalité globalement. On notera que d'un point de vue technique, comme l'avait montré le Conseil des impôts en 1997, le poids de la taxe professionnelle est proportionnellement plus lourd sur les immobilisations que sur les salaires (où pèsent surtout les charges sociales). Il est par ailleurs curieux d'amputer la taxe professionnelle d'une partie de sa base, alors que, à la même époque, l'intercommunalité est relancée par la loi Chevènement qui entendait privilégier l'intégration fiscale par la TPU. L'allégement décidé récemment par le gouvernement sur les investissements nouveaux des entreprises, sur une période

[22] Cette mesure a été financée par l'augmentation d'un point de TVA (de 17,6 à 18,6).

limitée à 18 mois, semble confirmer l'extinction progressive de la taxe professionnelle[23].

Surtout, le débat sur l'autonomie fiscale des collectivités locales est de nouveau alimenté par les mesures de suppression d'une partie de la fiscalité locale.

II) La configuration du problème de la réforme

Ici, il convient de croiser diverses conceptions convergentes des sciences sociales : pour l'économie la notion de « l'espace de l'égalité »[24], pour les sciences cognitives de « l'espace du problème »[25], pour la sociologie de « conception interactionniste concrète »[26], pour la science politique de « référentiel ».[27] Il s'agit à la fois de décrire la manière dont le problème est identifié, à la manière de l'analyse des politiques publiques, et d'évaluer la pertinence du positionnement du problème de la réforme de la fiscalité locale (justice sociale) dans le contexte actuel. Si l'expertise des spécialistes des finances publiques est convoquée, le débat politique exclut le contribuable-citoyen pour se focaliser sur les relations financières entre l'Etat et les collectivités locales, ce qui oriente les perspectives de l'acte II de la décentralisation.

---

[23] Cf. Gilbert (G.), « La taxe professionnelle entre réforme et extinction (mise en perspective de la suppression de la composante salariale) », *Revue française de finances publiques*, n°67, septembre 1999, p.57-71 ; Blanc (J.), Bourdin (J.), « La taxe professionnelle en sursis », *Revue française de finances publiques*, n°67, septembre 1999, p.89-102.
[24] Sen (A.), *Repenser l'inégalité* Paris, Seuil, 2000.
[25] Newell (A.), Simon (H.A.), *Human Inference*, Englewood Cliffs, NJ, Prentice-Hall, 1972.
[26] Boudon (R.), *Le juste et le vrai*, Paris, Fayard, 1995.
[27] Jobert (B.), Muller (P.), *L'Etat en action. Politiques publiques et corporatisme*, Paris, P.U.F., 1987.

1) Les limites de l'expertise

Le problème est de maintenir un niveau de ressources suffisant aux collectivités locales pour leur autonomie (rendement), de permettre aux collectivités les plus pauvres de faire face à leur charge, de ne pas décourager les politiques dynamiques de développement, d'éviter les transferts de charges entre entreprises et ménages, propriétaires et locataires, et de remédier aux inégalités de taux.

L'affaire n'est pas simple. Pourtant, par delà les divergences ponctuelles des experts, les données techniques, les exemples comparatifs, et les moyens de simulation des transferts de charges sont disponibles. A partir de là, le choix, qui reste entier, est politique : il consiste soit à replâtrer l'existant, soit à rechercher une nouvelle voie, ce qui donne plusieurs variantes pas forcément exclusives : combiner peu ou prou un impôt foncier et un impôt économique, moderniser les bases des impôts actuels, renforcer la péréquation, substituer totalement ou partiellement des bases, renforcer les dotations de l'Etat[28], partager des impôts nationaux (TVA, CSG, IR...). Par exemple, il est envisageable de remplacer les actuels impôts locaux par des taxes sur la pollution, l'énergie, les T.I.C., les téléphones mobiles, la taxe sur les assurances, ou par un impôt local sur le revenu et/ou le patrimoine ...

Techniquement, les dotations ont l'avantage de la prévisibilité, mais tendent à augmenter quand les élus locaux sont puissants dans le système politique. Le partage d'un impôt d'Etat a l'avantage de faciliter la répartition, de permettre de mieux prendre en compte les collectivités pauvres, mais diminue la responsabilité politique locale et

[28] Selon le titre de la *Lettre du cadre territorial* du 1 avril 2000 : « Faut-il supprimer les impôts locaux ? ».

produit une dépendance forte au cycle économique. La fiscalité propre est défendue comme une forme de responsabilisation des collectivités favorisant la maîtrise de la dépense, la prise de risque, le développement local, mais demande une péréquation efficace en faveur des collectivités pauvres, et accroît le risque de taux élevés pour les collectivités économiquement faibles.

Un rapport du Sénat[29] de 2003 caractérise bien cette démarche technique pour retenir, à partir de l'avis d'experts, trois critères de l'impôt idéal (sachant que le premier et le dernier se concilient mal) : des bases localisables et peu mobiles ; des bases stables pour la sécurité financière des collectivités locales ; des bases dynamiques pour financer les compétences à venir dans le cadre de l'acte II de la décentralisation. Ce système de l'expertise, régulièrement convoqué à chaque débat sur les finances locales, présente l'intérêt de cadrer le champ des possibles : par exemple, par rapport aux contraintes communautaires (TVA), à la localisation de la matière imposable (TVA, IR), à la déliaison des taux[30], etc. Il présente néanmoins trois inconvénients non négligeables :

- Du point de vue des acteurs, le système est fermé : quelques universitaires, quelques consultants, quelques parlementaires, quelques directions administratives, quelques commissions d'experts. Si les organismes consulaires[31], les entreprises, par la voie de leurs

[29] *Les perspectives d'évolution de la fiscalité locale*, Rapport d'information du Sénat, n°289, Séance du 13 mai 2003, p.26.

[30] Aucune corrélation pour les départements entre des fortes bases taxe professionnelle et les taux de taxe d'habitation.

[31] Par exemple, la la chambre de commerce et d'industrie de Paris prône le maintien de la liaison des taux par crainte de voir les entreprises plus taxées que les ménages : *Quelle fiscalité locale pour la nouvelle décentralisation*, Rapport présenté par Jean-Paul Vermès, chambre de commerce et d'industrie de Paris du 10 avril 2003, p.35.

organisations patronales, les cadres territoriaux (par leurs associations et les revues) parviennent à se faire entendre, les citoyens sont exclus au prétexte de la technicité du problème de la réforme.

- Ensuite, le risque d'une instrumentalisation de l'expertise[32] est fort, soit pour légitimer une solution déjà choisie par les décideurs politiques, soit, le plus souvent, pour rejeter toute velléité de réforme radicale.
- Enfin certaines hypothèses normatives méritent discussion au regard de leur réalisme sociologique. L'analyse de la fiscalité locale du point de vue du contribuable suppose de sortir des chemins hégémoniques du droit et de l'économie[33]. Les conceptions de l'impôt-échange de l'économie et de l'impôt-obligation des juristes ne sont pas les seules. La relation empirique entre la fiscalité locale et le service rendu n'est pas évidente : à côté de l'impôt-contrainte, ou de l'impôt-tribut, une réflexion autour de l'impôt-contribution, l'impôt consenti pour le financement des politiques publiques, est à mener à partir de ses conditions d'effectivité.

L'efficacité présumée de la décentralisation, dans le sens d'une amélioration des services rendus aux citoyens, dépend du fonctionnement concret du système politico-administratif local : cette question ne relève pas uniquement de l'analyse économique du prix des services, ni de l'analyse juridique du transfert des compétences, mais bien d'une lecture sociologique. Il faut donc revisiter la relation entre l'impôt et la dépense publique, qui ne se réduit pas à une forme de tarification des services par l'impôt, et réfléchir à la

[32] Orsoni (G.), « Le jeu des acteurs dans les processus de réforme », *Revue française de finances publiques*, n°60, novembre 1997, p.69

[33] Le conseil des impôts a déploré ce déficit d'études de sociologie de l'impôt : *L'imposition des revenus*, Paris, 18ème rapport, 2000, p.13. Sur les causes de ce manque, cf. Leroy (M.), « Pourquoi la sociologie fiscale ne bénéficie-t-elle pas d'une reconnaissance institutionnelle en France ? », *L'Année sociologique*, n°1, 2004.

responsabilisation fiscale des élus locaux au regard de la connaissance concrète de l'impôt par le contribuable.

Les élus locaux, par leur représentation au parlement nourrie du cumul des mandats et par leurs associations, façonnent le contenu du problème de la réforme de la fiscalité locale.

2) La mise en scène politique des relations financières Etat et collectivités locales

Malgré le foisonnement des propositions, la voie radicale de la réforme de la fiscalité locale semble impraticable en France. Le choix en faveur d'un réformisme graduel accroît la complexité du système, tout en favorisant une « nationalisation rampante » de la fiscalité locale. Dans le contexte de la décentralisation française, le changement des impôts locaux est bloqué en raison, non pas du contribuable-citoyen qui est absent du débat, mais de l'évolution de notre système politique local.

Comme on le sait, la décentralisation de 1982/1983 fait l'impasse sur la réforme fiscale, pour poser le principe, pas toujours effectif, de la compensation par l'Etat des transferts de compétences. Le problème de la fiscalité locale s'inscrit dans les rapports de négociation politique de la régulation financière entre l'Etat et les collectivités locales. Dans la situation multipolaire de la décentralisation et de la construction européenne, les collectivités locales sont en position « d'associés-rivaux »[34] pour tenter de s'affirmer comme chefs de file des politiques publiques territoriales, en jouant sur les registres complémentaires des stratégies de

[34] Mabileau (A.), *Le système local en France*, Paris, Montchrestien, Coll. « Clefs », 1991.

pouvoir et de légitimité[35]. Depuis l'acte I de la décentralisation, l'Etat est rarement en position d'imposer sa conception. Comme le montrent bien les cas emblématiques de la contractualisation ou de l'avenir de la politique régionale avec l'élargissement de l'Europe[36], deux formes de régulation se combinent pour définir le nouveau modèle de l'action publique territorialisée[37] : une régulation référentielle, qui ici tente de légitimer la décentralisation, une régulation financière qui organise la négociation des moyens. Le système du cumul des mandats à la française renforce alors la pérennisation des ajustements financiers qui deviennent prépondérants pour l'action publique.

L'acte II de la décentralisation se veut pourtant « un véritable projet de société » fondée sur la « démocratie de proximité » dans le cadre d'une « véritable République territoriale »[38] ; il s'appuie sur le credo, relayé par certains experts, d'une modernisation des services rendus à l'usager.

---

[35] Les modèles d'action publique se classant alors en fonction de la capacité de pouvoir et/ou de négociation : Etat autorité (gouvernement), Etat régulateur, rapports intergouvernementaux, régulations, réseaux d'action publique et gouvernance…

[36] Leroy (M.), « La négociation de l'action publique conventionnelle dans le contrat de plan Etat-Région », *Revue française de science politique*, vol.49, n°4-5, août-octobre 1999, p.573-600 ; L*a logique financière de l'action publique conventionnelle dans le contrat de plan Etat-Région*, Paris, L'Harmattan, 2000 ; « Quelle évaluation de la politique structurelle régionale pour l'élargissement de l'Europe ? », *Revue du Marché commun et de l'Union européenne*, avril 2004, p.215-225.

[37] Qui se substitue au modèle de la régulation croisée entre le préfet et ses notables d'avant la décentralisation : Crozier (M.), Thoenig (J.C.), « La régulation des systèmes organisés complexes. Le cas du système de décision politico-administratif local en France », *Revue française de sociologie*, vol.16, n°1, janvier-mars 1975, p.3-32 ; Worms (J.P.), « Le préfet et ses notables », *Sociologie du travail*, juillet-septembre 1966, p.249-275.

[38] Selon C. Poncelet, président du Sénat : cf. « La décentralisation à la croisée des chemins : pour la République territoriale », *Revue française de finances publiques*, n°81, mars 2003, p.13-19.

En réalité, si l'on excepte les débats sur l'expérimentation (qui n'est pas nouvelle) et le référendum local, les véritables enjeux se focalisent sur les moyens financiers. Ainsi, la réforme de la fiscalité locale se trouve phagocytée par la traditionnelle vision restrictive des relations financières entre l'Etat et les collectivités locales. Pour les collectivités locales, ensemble ou de manière séparée, il s'agit d'obtenir des garanties de ressources de l'Etat ; pour l'Etat, il s'agit de limiter le coût tout en poussant ses propres enjeux. Les controverses autour des transferts de charges, anciens ou à venir, et autour du recul de l'autonomie fiscale locale alimentent cette mise en scène politique. Les réactions face à l'annonce de la nouvelle exonération de TP sur les investissements nouveaux des entreprises illustrent d'ailleurs bien cette logique.

La dialectique technico-politique gomme le contenu du référentiel décentralisateur qui se définit à partir des trois pôles du développement territorial,- encourager les activités génératrices d'emploi selon une répartition équilibrée-, de la modernisation administrative,- améliorer les services à l'usager-, de la démocratie de proximité,- impliquer le citoyen/contribuable dans les choix de l'action publique-. A la place, l'espace du problème est réduit à la question de la régulation financière, selon le schéma réducteur suivant :

1 Décentralisation : développement territorial, modernisation administrative, démocratie de proximité →

2 autonomie locale →

3 autonomie fiscale et moyens financiers

Il faut rappeler que l'autonomie financière ne se réduit pas à la part des recettes fiscales propres dans les ressources, d'autant que, relativement au poids de la fiscalité propre, la France est comparativement bien placée[39], même si les réformes, notamment de 1999, détériorent le ratio. L'autonomie financière locale ne se réduit pas à ce ratio et se définit en termes de pouvoir sur les recettes et les dépenses, c'est-à-dire comme la capacité de réunir des ressources pour faire face aux besoins et aux projets. De ce point de vue, l'actuelle réforme de la décentralisation, qui pourrait marquer le pas en raison du bouleversement électoral dans les régions, emprunte pour l'instant les lignes structurelles de ce modèle de régulation financière.

3) Perspectives pour l'acte II de la décentralisation

Une loi d'inertie systémique se dégage à partir de trois tendances : la préférence pour l'ajustement au détriment de la réforme radicale, la préférence pour les procédés discrets de taxation et de financement, la préférence pour l'amélioration des relations financières entre l'Etat et les collectivités locales.

Par rapport à la préférence pour l'ajustement, les circonstances particulières susceptibles de favoriser des changements exceptionnels ne sont pas réunies. L'action d'un mouvement social fort contre les impôts locaux n'existe pas, en l'absence de révolte fiscale ou de rejet révolutionnaire de l'ancien système fiscal. Le changement par interdépendance entre deux ou plusieurs impôts ne s'impose pas, comme dans le cas de l'extension de la TVA pour la taxe locale. Bien plus, une réforme profonde des impôts d'Etat, comme le montre le

---

[39] 57 % de fiscalité propre en 1999, c'est-à-dire comme la Suède qui figure parmi les pays les mieux placés, *Les finances locales dans les quinze pays de l'Union européenne*, Dexia, 2002, p.181.

cas de l'impôt sur le revenu en 1914, n'entraîne pas de facto une réforme de la fiscalité locale. Le registre du corporatisme fiscal est plutôt de réclamer discrètement des exonérations, abattements catégoriels. Le volontarisme d'un réformateur éclairé (Caillaux pour l'impôt sur le revenu, Lauré pour la TVA) se heurte au nombre de décideurs concernés en matière d'impôts locaux. La crise fiscale locale n'est pas à écarter, mais reste rare, et peut se résoudre ponctuellement par des dotations de l'Etat. Enfin, une modification institutionnelle, comme le montre l'acte I de la décentralisation, ne génère pas obligatoirement une réforme fiscale.

Par rapport à la préférence pour les procédés de taxation discrets, il faut rappeler que le risque du transfert de charges a souvent fait reculer le législateur. Le poids de la TVA dans les prélèvements obligatoires, traditionnelle exception française, s'explique aussi en partie par cette hypocrisie des politiques de taxation. L'octroi, puis la taxe locale relevaient de cette logique. Bien plus, la visibilité des quatre impôts directs locaux pour le contribuable a été largement atténuée : pour la taxe d'habitation, par le jeu des dégrèvements en fonction du revenu qui, en pratique, anesthésie les hausses de la pression fiscale pour le citoyen, tout en constituant des « subventions implicites »[40] pour les collectivités territoriales par les compensations versées par l'Etat. Pour la taxe professionnelle, le plafonnement par rapport à la valeur ajoutée a eu le même effet. Pour les taxes foncières (et aussi la taxe d'habitation), les valeurs locatives cadastrales sont obsolètes et déconnectées de la valeur du marché, faute de mise en œuvre des révisions.

[40] Sénat, rapport 2003 (Fréville), op. cit. p.2

Par rapport à la préférence pour l'amélioration des relations financières entre l'Etat et les collectivités locales, il faut citer les diverses adaptations de la DGF, les débats récurrents sur les transferts de charges, et l'importance des compensations de l'Etat pour les exonérations et dégrèvements.

La modification institutionnelle en cours pose surtout le problème du financement des transferts de compétence, et du maintien d'un haut niveau de fiscalité propre. Ici, une fenêtre d'opportunité existe, dans la logique de l'ajustement qui est plutôt celle des élus et de Bercy, pour modifier quelques défauts de l'actuelle fiscalité. Par exemple, l'instauration d'une spécialisation[41], qui existe déjà partiellement par la TPU et par la suppression de la part régionale de la taxe d'habitation, pourrait être encouragée. De même, la modernisation des valeurs locatives cadastrales pourrait être mise en œuvre. Le transfert d'impôts aux collectivités locales paraît moins probable, comme l'histoire des réformes avortées le montre, du fait du risque de transferts de charges.

Il reste à regretter qu'une approche large du problème de la réforme fiscale soit écartée, alors qu'une réflexion globale sur le système fiscal, y compris de l'Etat et de la protection sociale, serait salutaire. Une impulsion originale pourrait être donnée à une démocratie fiscale de proximité, puisque les études de sociologie fiscale[42] valident la conception politique de l'impôt-contribution, c'est-à-dire d'un impôt légitimement consenti pour financer les institutions et les programmes publics.

---

[41] Recommandée par la commission Mauroy, *Refonder l'action publique locale*, Paris, La documentation française, 2000.

[42] Leroy (M.), *Sociologie de l'impôt*, Paris, P.U.F.,Coll. « Que sais-je ? », 2002 ; « Sociologie du contribuable et évitement de l'impôt », *Archives européennes de sociologie*, T.XLII, n°2, 2003, p 213-214.

Le paradoxe qui veut que le citoyen réclame à la fois la baisse des impôts et la hausse des services publics existe[43], mais n'est pas systématique. Parfois les campagnes politiques ou des médias sensibilisent négativement les citoyens à la relation entre les impôts et les services délivrés : c'est le cas de la médiatisation des protestations contre les taxes sur l'essence en France, ou des débats autour de la Proposition 13 en Californie[44]. A l'inverse, certains citoyens sont favorables à une taxe sur l'essence pour des raisons éthiques, alors qu'ils utilisent souvent leur véhicule[45]. Les irréalistes qui veulent moins d'impôts et plus de dépenses ne sont pas toujours majoritaires, la plupart des gens étant favorables, soit à une augmentation des impôts pour financer les services voulus, soit à une réaffectation des dépenses (ou la diminution des gaspillages publics)[46]. L'aversion pour les impôts renvoie parfois à l'idée que la collectivité doit financer autrement les dépenses désirées[47]. On sait aussi qu'une part significative de personnes est prête à payer des impôts supplémentaires pour

---

[43] Selon Schmölders (G.), *Psychologie des finances et des impôts*, Paris, P.U.F., 1973, p.40, 4 personnes sur 5 pensent que l'Etat doit réduire ses dépenses en cas de déficit budgétaire, 15 % étant favorables à une hausse des impôts. Lewis (A.), dans son étude classique, *The Psychology of Taxation*, Oxford, Martin Robertson, 1982, p.49, insiste sur cette illusion qui occulte le lien entre impôts et dépenses publiques (« *fiscal connection* »).

[44] Citrin (J.), « Do People Want Something for Nothing : Public Opinion on Taxes and Government Spending », *National Tax Journal*, vol.32, 1979, p.114.

[45] Brodsky (D.M.), Thompson (E.), « Ethos, Public Choice and Referendum Voting », *Social Science Quarterly*, vol.74, n°2, p.286-299.

[46] Welch (S.), « The 'More for Less' Paradox : Public Attitudes on Taxing and Spending », *Public Opinion Quarterly*, vol.49, 1985, p.314.

[47] Cf. Blount (S.), « Public Opinion and Tax Aversion in Australia », *Journal of Sociology*, vol.36, n°3, 2000, p.287, sachant que l'Etat, même dans un contexte de crise, est capable de proposer diverses réponses et donc d'innover en matière financière : Hays (S.P.), « The State ans Policy Innovation Research », *Psychology Review*, n°51, 1996, p.322.

des programmes qui leur paraissent importants[48]. Des contribuables riches sont parfois favorables à l'impôt pour sécuriser les institutions (c'est l'argument de Montesquieu) et éviter les déficits[49]. Surtout, la sociologie du contribuable montre que le mécontentement diminue lorsque le lien entre l'impôt et la dépense est indiquée aux gens[50].

Conclusion

L'impôt est à concevoir sociologiquement et démocratiquement comme une relation concrète[51] entre les institutions et le citoyen. Le faible niveau d'information des citoyens et la complexité de la fiscalité appauvrissent la rationalité cognitive du contribuable qui commet alors des erreurs de représentation, en évaluant mal le rôle des impôts qui le frappent[52]. Plutôt que d'encourager l'opacité du

---

[48] Mueller (E.), « Public Attitudes Toward Fiscal Programs », *The Quarterly Journal of Economics*, n°77, 1963, p.224 ; Beedle (P.), Taylor-Gooby (P.), « Ambivalence and Altruim : Public Opinion about Taxation and Welfare », *Policy and Politics*, vol.11, n°1, 1983, p.29 ; Welch (S.), 1985, op.cit ., p.316.

[49] Mueller (E.), « Public Attitudes Toward Fiscal Programs », op. cit., p.232.

[50] Hadenius (A.), « Citizens Strike a Balance : Discontent With Taxes, Content With Spending »*Journal of Public Policy*, 1985, vol.5, n°3, p.349-363. Ainsi, l'argument de Downs (A.), « Why the Government Budget is too small in a Democracy », *World Politics*, n°12, 1960, p.541-563, selon lequel l'impôt fait l'objet d'une aversion en démocratie (car on voit l'argent sortir de sa poche) alors que les services publics reçus sont moins visibles n'est pas vérifié. De même, si dans les enquêtes, le soutien à l'Etat Providence est moins fort quand on demande aux gens combien ils sont prêts à payer (impôt), cela ne traduit pas forcément un rejet général, mais plutôt une question de priorités : Beedle (P.), Taylor-Gooby (P.), op. cit., p.18.

[51] Leroy (M.), « L'individu et l'impôt, Contribution à une sociologie cognitive de l'impôt », *L'Année sociologique*, 42, 1992, p.319-343.

[52] Selon Schmölders, op. cit., p.80, un tiers seulement des personnes évaluent correctement leur charge fiscale. Pour l'Espagne, selon Martin

système politique local, il est préférable d'affronter la question de la légitimité politique en encourageant l'impôt-contribution. Plutôt que de rechercher les formes indolores de taxation, il est préférable de valoriser la transparence du financement des institutions et des programmes publics en associant le citoyen aux choix publics. Une démocratie de proximité ne peut faire l'impasse sur la question d'une forme renouvelée du consentement à l'impôt dans le cadre d'une réforme conçue globalement, même si c'est la voie de l'ajustement qui est retenue une nouvelle fois. La nouvelle donne politique régionale offre une opportunité inédite pour réfléchir au rôle global de la fiscalité dans le gouvernement local.

(F.A.), Lopez (J.G.), Lobo (M.L.), *Sociedad Impuestos y Gasto Publico, La perpectiva del contribuyente*, Madrid, Centro de investigaciones sociologicas, 2000, p.145-149, 56 % des personnes (en 1999) trouvent qu'ils paient beaucoup d'impôts, alors que le taux de prélèvements obligatoires est de 39 %, ce qui est relativement bas comparativement aux autres pays européens : c'est la notion de pression fiscale subjective.

Revisiter la loi du 10 janvier 1980

Etienne Douat
Agrégé de Droit public
Professeur à l'Université de Montpellier 1
Institut de Droit Européen des Droits de l'Homme
CNRS-UMR n° 5815

Comment peut-on revisiter une loi plus de vingt-quatre ans après sa promulgation ? Nous proposons une méthode extrêmement simple et pragmatique. Tout d'abord, nous allons effectuer une visite générale pour comprendre l'utilité principale de ce texte souvent ignoré. Puis, nous reprendrons deux impôts directs locaux, ce sera la visite spéciale. Chaque visite fera l'objet d'une partie de notre développement. Nous limiterons notre propos aux questions les plus importantes sans entrer dans les détails techniques pour ne pas alourdir notre présentation.

I Visite générale

La loi du 10 janvier 1980 est la preuve que la décentralisation a commencé bien avant la loi du 2 mars 1982. En effet, cette loi portant aménagement de la fiscalité directe locale est celle qui a attribué aux organes délibérants des collectivités territoriales le pouvoir de voter les taux des impôts locaux. Michel Bouvier parle à ce sujet d'une étape décisive[1]. La loi du 10 janvier 1980 est surtout connue pour cette importante réforme car elle semble, à première vue, contraire à la lettre de l'article 34 de la Constitution de la Vème République : « La loi fixe les règles concernant : (…) l'assiette, le taux et

[1] Bouvier (M), Les Finances locales, LGDJ, coll. Systèmes, 9ème éd. 2004, p. 48 et suiv.

les modalités de recouvrement des impositions de toutes natures ; (...) ». La Constitution reprenant d'ailleurs le principe révolutionnaire du consentement à l'impôt institué en France par la déclaration des droits de l'Homme et du citoyen du 26 août 1789 : « Les citoyens ont le droit de constater, par eux-mêmes ou par leurs représentants, la nécessité de la contribution publique, de la consentir librement, d'en suivre l'emploi, et d'en déterminer la quotité, l'assiette, le recouvrement et la durée ». Le domaine de la loi comprend par conséquent la fixation des impôts y compris les impôts locaux, c'est là un principe constitutionnel qui résulte du principe d'égalité des citoyens devant l'impôt. Pourquoi donner aux élus locaux le pouvoir de fixer les taux des impôts locaux ? Pour leur permettre d'exercer leur libre administration et leur fournir une variable d'ajustement pour équilibrer le budget. Le législateur a donc le droit de déléguer le pouvoir de fixer les taux des impôts locaux aux assemblées locales.

Que se passait-il avant la loi du 10 janvier 1980 ? Les élus fixaient le produit attendu des quatre taxes directes dans le budget et la loi nationale faisait le reste à savoir fixer les taux et répartir le produit entre les quatre impôts. Ces quatre impôts sont les deux taxes foncières (sur les propriétés bâties et non bâties), la taxe professionnelle et la taxe locale d'habitation. La loi du 10 janvier 1980 n'a pas donné une liberté absolue et illimitée aux organes délibérants. Au contraire, la loi de 1980 oblige à respecter deux contraintes qui sont le plafonnement des taux et la liaison entre les taux[2].

---

[2] Douat (E) et Guengant (A), *Leçons de Finances locales*, plus spécialement, leçons n° 6 et 7, éd. Economica, 2002.

Le plafonnement des taux : les taux ne peuvent pas dépasser des limites glissantes d'une année à l'autre. Ces plafonds ne sont pas rigides mais évolutifs. Ainsi, le taux de la taxe professionnelle ne doit pas excéder deux fois le taux moyen national de l'année précédente. Les taux des deux taxes foncières et de la taxe d'habitation sont également soumis à cette même règle de plafonnement. Si la commune appartient à un groupement à fiscalité propre, le plafond va concerner de manière solidaire la commune et le groupement. Depuis la loi de finances pour 1997, un taux plafond de la taxe professionnelle a été créé pour les départements et les régions. Il est égal à deux fois la moyenne nationale de l'année précédente. Cette mécanique du plafonnement des taux résulte de l'article 3 de la loi du 10 janvier 1980. Mais cet article prévoit un mécanisme de compensation destiné aux communes dont les ressources fiscales de l'année 1980 dépassaient le plafond. La compensation étant intégrale jusqu'en 1985 puis dégressive jusqu'en 1990.

La liaison des taux : l'article 2 de la loi du 10 janvier 1980 prévoit deux options possibles. Soit une variation indifférenciée des taux, dans laquelle il est possible de faire varier les taux des quatre taxes directes dans une même proportion par rapport à l'année précédente. Cela peut jouer aussi bien à la hausse qu'à la baisse. Soit une variation différenciée qui consiste à moduler les taux des quatre taxes directes mais en instituant une contrainte pour éviter que les entreprises aient à supporter une pression fiscale qui s'alourdisse plus que celle des particuliers. La loi précise que le taux de la taxe professionnelle ne peut excéder celui de l'année précédente corrigé de la variation du taux moyen des trois autres taxes pondérées par l'importance relative des bases pour l'année d'imposition. En cas de variation différenciée, la loi autorise une possibilité dc dé-liaison des taux à la hausse ou à la baisse. La question devient alors beaucoup plus compliquée. Pour la dé-liaison à la hausse, une majoration spéciale du taux de la taxe professionnelle est autorisée à condition que le taux soit inférieur au taux moyen de l'année précédente et si le taux moyen des taxes foncières et de la taxe d'habitation est supérieur à la moyenne correspondante de l'année précédente, la variation du taux de la taxe professionnelle peut être supérieur à la variation du taux de la taxe d'habitation dans la limite de 5% de cette moyenne sans pouvoir la dépasser. Cette disposition fixe par conséquent un plafond qui est une marge de manœuvre donnant plus de souplesse aux élus. La loi de finances pour 1996 assouplit cette mécanique de dé-liaison des taux pour les communes qui ont adhéré à un groupement à fiscalité propre dès lors que les taxes foncières et la taxe d'habitation ont moins rapporté (moins de 20% de la moyenne nationale de l'année).

La loi de finances pour 2003 apporte également un correctif majeur au dispositif de dé-liaison des taux, en effet, l'article 31 permet d'augmenter le taux de la taxe professionnelle jusqu'à 1,5 fois la moyenne du taux des taxes portant sur les ménages (taxes foncières et taxe d'habitation). Cette nouvelle possibilité de dé-liaison des taux a été saluée par les élus car elle permet d'accroître les marges de manœuvre des finances locales. Pour la dé-liaison à la baisse, la loi de finances pour 1998 a autorisé le procédé dans un cas bien précis : pour les collectivités dont la taxe foncière sur les propriétés bâties et la taxe d'habitation ont des taux supérieurs à la moyenne nationale de l'année précédente et au taux de la taxe professionnelle de la collectivité.

En bref, la loi du 10 janvier 1980 a permis de moderniser considérablement les finances locales car depuis les années 1970, l'Etat avait amorcé une réduction drastique de ses investissements directs ce qui a eu pour effet de reporter cette charge essentielle sur les budgets locaux. Il était par conséquent indispensable de modifier les règles fiscales locales pour que les investissements publics puissent être assumés correctement par les finances locales. La loi du 10 janvier 1980 a anticipé le mouvement de décentralisation des finances publiques[3]. On peut dire qu'il s'agit d'une loi fxant la direction des finances locales françaises vers une zone de très grande marge de manœuvre fiscale[4]. Notre démarche consistera maintenant à visiter deux domaines particuliers de la fiscalité directe locale : la taxe professionnelle et la taxe d'habitation.

On peut se demander quels ont été les résultats de cette réforme entre 1980 et 2000[5]. D'abord, on constate, d'une façon générale, que la taxe foncière sur les propriétés non bâties a connu une hausse modérée de ses taux sur la période (à peine 20% en vingt ans soit 1% de hausse par an). Au contraire, la taxe foncière sur les propriétés bâties a connu une forte hausse (50% en vingt ans, soit 2,5% par an en moyenne). Contrairement à ces deux évolutions contrastées, la progression des deux autres taxes directes (taxe professionnelle et taxe d'habitation), a été marquée par l'effet direct de la liaison avec une augmentation quasiment identique (28% en vingt ans, soit 1,4% par an). Voilà pourquoi les budgets locaux sont marqués par des recettes fiscales dynamiques qui ont permis d'aboutir à des excédents budgétaires depuis l'exercice 1996. Cependant, les budgets locaux sont également tributaires du budget général de l'Etat qui doit assumer de lourdes charges. Voilà pourquoi, l'Etat a mis en œuvre, à partir de 1996, un mécanisme de maîtrise de ses dépenses destinées aux collectivités territoriales

---

[3] Voir notre étude : décentralisation et finances publiques, in : *Mouvement du Droit public, mélanges en l'honneur de Franck MODERNE*, Dalloz, 2004, p. 103.

[4] Douat (E), *Finances publiques, finances communautaires, nationales, sociales et locales*, PUF, coll. Thémis, éd. 2000, p. 439.

[5] Voir Bourdin (J), *Rapport de l'observatoire des Finances locales pour l'année 2003*, état des lieux, juin 2003.

(enveloppe normée permettant notamment de contenir l'évolution de la dotation globale de fonctionnement portant le nom officiel de « *contrat de croissance et de solidarité* »).

II Visite spéciale

Cette fois, nous reprendrons l'application de la loi sur deux points précis correspondant aux deux impôts politiquement les plus importants : la taxe professionnelle et la taxe locale d'habitation.

A/ La taxe professionnelle

On oublie souvent de préciser que la loi du 10 janvier 1980 avait prévu une réforme très importante[6] : redéfinir l'assiette de la taxe professionnelle par référence à la TVA dans le but de mieux refléter la capacité contributive des redevables. (Rapport Assemblée nationale n°1043, au nom de la commission spéciale chargée d'examiner le projet de loi n° 689 adopté par le Sénat le 9 mai 1979, portant aménagement de la fiscalité directe locale, appelé couramment Rapport VOISIN). Les avantages de cette solution auraient certainement permis une plus grande neutralité de l'assiette car elle portait sur valeur comptable réelle des différents facteurs de production ce qui sont taxés de manière plus transparente, simple et uniforme, donc rentable pour le trésor public[7]. C'est l'article 14 de la loi qui précisait que la date de cette réforme serait fixée par une loi ultérieure. Comment définit-on la valeur ajoutée ? Elle correspond à l'excédent

---

[6] Labie (F), La réforme de l'assiette de la taxe professionnelle, in : *Finances locales*, éd. Dalloz, coll. Cours, 1995, p. 125.

[7] Blanc (J), *La réforme de la taxe professionnelle*, thèse Aix-Marseille III (Dir, J.M. PONTIER), 2003, p. 375 s.

hors taxe des la production sur les consommations de biens et services en provenance de tiers constaté pour l'exercice dans le détail. Plus précisément, la valeur ajoutée résulte de la différence entre deux éléments. D'abord les ventes, travaux, prestations de services ou recettes, produits accessoires, subventions d'exploitation, rabais remises et ristournes obtenus, travaux faits par l'entreprise pour elle-même sans oublier les stocks en fin d'exercice. Tout cet ensemble constitue le premier élément dont on doit retrancher le second que voici ; les achats de matières et de marchandises, les réductions sur ventes, les stocks en début d'exercice ainsi que les travaux, fournitures et services extérieurs.

Pour les petites entreprises, l'article 15 prévoit une réduction de 50% de la base d'imposition et d'une décote proportionnelle à la différence entre la valeur ajoutée et un seuil fixé par la loi. Dans la pratique, la décote est égale à 1/5ème de la différence.

Bien entendu, le changement de base de la taxe professionnelle n'est pas exempt de critiques car la valeur ajoutée n'est pas une assiette parfaite. De plus, la réforme progressive mise en œuvre par la loi de finances pour 1999 qui supprime la part salaires dans l'assiette de la taxe professionnelle aurait dû conduire à des effets sur le marché du travail ce qui est loin d'être scientifiquement démontré. De plus, la suppression de la part salariale nous conduit à formuler une triple critique : d'abord en termes de justice fiscale, on pouvait contrôler les salaires alors qu'il est beaucoup plus difficile de contrôler la valeur des immobilisations ; ensuite, sur le plan de l'efficacité économique, les impôts sur les ménages rapportent davantage que ceux qui portent sur les entreprises, la tentation sera grande pour l'élu de se contenter de construire des logements ; enfin, la suppression opérée par le législateur financier risque de mettre l'autonomie fiscale des collectivités territoriales en danger car les recettes sont coupées des dépenses.

En bref, la loi de 1980 contenait des potentialités considérables qui n'ont guère été mises en œuvre. Elle reposait sur un principe de majoration forfaitaire, une actualisation triennale de la valeur locative et une révision profonde effectuée tous les six ans. En réalité, depuis 1980, une seule actualisation a été effectuée. Certains proposent que l'assiette de la taxe professionnelle prenne en compte la valeur vénale des immobilisations ou que les valeurs locatives cadastrales soient actualisées de manière systématique et permanente. Les finances locales comparées nous montrent que rien n'est parfait dans les pays voisins. Le changement d'assiette n'est pas une solution miracle car on sait bien que l'Italie a fait porter l'impôt local sur les entreprises sur la valeur ajoutée sans que les effets ne soient spectaculaires. En Allemagne, la nouvelle assiette des impôts locaux sur les entreprises porte sur les bénéfices ce qui a occasionné une crise extrêmement grave. De plus, si l'on réfléchit bien à la question, une nouvelle assiette portant sur la valeur ajoutée reviendrait à taxer les salaires qui représentent 50% de la valeur ajoutée contre 30% de l'ancienne base de la taxe professionnelle avant la loi de finances pour 1999.

La loi du 10 janvier 1980 avait également prévu un mécanisme à double détente pour organiser l'actualisation des bases locatives cadastrales. Le ministère des finances réalisa une série d'études et de simulations qui ont révélé le danger politique de la réforme fiscale : des transferts massifs de charges risquaient de s'opérer entre différentes catégories de contribuables. Les entreprises les plus directement visées par les dispositions de la loi de 1980 auraient été les entreprises de services et notamment de services financiers[8]. On sait qu'ensuite, la loi du 30 juillet 1990 a programmé une révision des bases locatives cadastrales qui aurait dû aboutir en 1993. Puis, cette modification importante de l'assiette des impôts locaux a été repoussée car elle risquait d'aboutir à des transferts de charges considérables entre différentes catégories de contribuables[9]. Le résultat final de ce refus de moderniser l'assiette a été que l'on a totalement refusé d'appliquer la loi en continuant d'appliquer les bases actuelles[10].

La loi du 10 janvier 1980 a également créé en son article 6 un fonds national de péréquation de la taxe professionnelle. Le fonds ayant pour objectif de reverser des fonds aux communes dont le potentiel fiscal et le produit des impôts prélevés sur les ménages étaient inférieurs à la moyenne nationale. Le but poursuivi était clair : créer un certain nivellement du produit de la taxe professionnelle pour éviter les distorsions entre les collectivités.

On sait que cette modification de l'assiette de la taxe professionnelle n'a pas abouti alors même qu'une partie de la doctrine l'appelait de ses vœux[11]. Cependant, la taxe professionnelle devait faire l'objet de propositions assez fortes de la part du Conseil des impôts qui en demanda la mutualisation afin de remplacer le vote des taux par les élus locaux par un vote national des taux par le parlement. Mais la taxe professionnelle, impôt qualifié d'imbécile, devait

---

[8] Ibid. p. 383

[9] Dosière (R) *La commune et ses finances, guide pratique,* éd. Locales de France, 1995, p. 271.

[10] Orsoni (G), L'évolution des ressources fiscales locales, *RFFP,* 2003, n° 81, p. 159, et du même auteur : Autonomies financières et fiscales, *RFFP*, 2002, n° 80, p. 40.

[11] Guengant (A), L'avenir incertain de la fiscalité locale, *RFFP*, 2002, n° 77, p. 205.

connaître une réforme d'envergure mise en œuvre par la loi de finances pour 1999. La loi de finances a ainsi décidé de supprimer la part salariale de la taxe professionnelle sur quatre ans (1999-2002). Cette importante réforme arrivant après la loi Chevènement instituant la taxe professionnelle unique au profit des établissements publics de coopération intercommunale à fiscalité propre, elle joua un rôle important dans la modernisation du financement des nouvelles agglomérations. En même temps, les collectivités territoriales passaient sous la dépendance des concours de l'Etat, en effet le prix de la suppression de la part salariale de la taxe professionnelle passait dans les charges de l'Etat. C'est un élément qui a contribué à pousser les élus locaux à demander la révision constitutionnelle de 2003.

B/ La taxe d'habitation

On pourrait croire que la loi du 10 janvier 1980 ne concerne que la taxe professionnelle, en réalité son article 21 régit les modalités de définition de l'assiette de la taxe locale d'habitation. On sait que cet impôt est un ancien impôt d'Etat institué par les révolutionnaires en 1791 sous le nom de contribution mobilière. Payée par les occupants des locaux d'habitation, y compris les garages, elle concerne autant les propriétaires que les locataires. Plus concrètement, la loi du 10 janvier 1980 fixe les règles d'abattements visés à l'article 1411 du CGI : « L'abattement obligatoire pour charge de famille est fixé à 10% de la valeur locative moyenne des habitations de la commune pour chacune des deux premières personnes à charge et à 15 % pour chacune des suivantes. Ces taux peuvent être majorés de 5 ou 10 points par le conseil municipal. L'abattement facultatif à la base est égal à 15 % de la valeur locative moyenne des habitations de la commune. Sans préjudice de l'application de cet abattement, le conseil municipal peut accorder un abattement à la base de

15 % aux contribuables qui n'ont pas été passibles de l'impôt sur le revenu l'année précédant celle de l'imposition et dont l'habitation principale a une valeur locative inférieure à 130% de la moyenne communale. Ce pourcentage est augmenté de 10 points par personne à charge. A compter de 1981, sauf décision contraire des conseils municipaux, les abattements supérieurs au niveau maximum de droit commun sont ramenés à ce niveau par parts égales sur cinq ans. »

Suivent ensuite les articles 22 et 23 qui concernent la taxe locale d'habitation des établissements publics de coopération intercommunale à fiscalité propre. Mais notre visite guidée de la taxe d'habitation prendra pour base le constat remarquable formulé par le sénateur Yves FREVILLE dans son rapport d'information n°71, annexé au procès verbal de la séance du 19 novembre 2003, intitulé : « la taxe d'habitation est-elle un impôt local ? ». Ce travail tout à fait remarquable porte sur les conséquences paradoxales des dégrèvements d'impôts locaux. L'étude du sénateur Yves FREVILLE a été effectuée dans le cadre de la commission des finances du Sénat. Elle prend pour base les données communales de l'année 2001 hors résidences secondaires car elles compliquent singulièrement la tâche. Le rapport dresse deux constats complémentaires qu'il convient de présenter successivement.

Premier constat : les allègements individuels ont transformé la taxe d'habitation en un impôt sur le revenu. Il est clair que les règles fixées par la loi de 1980 ont abouti dans la pratique à un encadrement des mesures d'allègement effectives sur le plan local et la loi nationale. En effet, les règles de détermination du revenu du contribuable sont fixées au plan national. Ainsi, le dégrèvement total résulte de la situation du ménage en dessous du seuil minimum fixé par la loi fiscale ce qui permet aux personnes ayant des revenus modestes d'être exonérés. Pour les dégrèvements partiels, les ménages en bénéficient en fonction de leur revenu et de leur quotient familial qui dépendent, là aussi, des dispositions de la loi de finances de l'année. Le résultat concret de cette nationalisation des tarifs fiscaux de la taxe locale d'habitation est que les contribuables ne tiennent plus compte des taux de la taxe locale d'habitation pour choisir leur logement. En effet, les dispositions nationales fixant les règles d'allègement priment sur la fixation des taux votés par les élus locaux. Ce processus de centralisation des dispositions d'allègement a un coût pour le budget général de l'Etat. Le prix à payer par l'Etat s'est d'autant plus alourdi que la part régionale de la taxe d'habitation a été supprimée (2000).

En 2002, la charge de l'Etat était de 3,7 Mds d'Euros ce qui représente le tiers du produit de la taxe locale d'habitation (contre un quart en 1991). Le résultat est par conséquent que le contribuable local ne paie que les deux tiers du produit de la taxe locale d'habitation. On le voit très clairement, si cette tendance se poursuit, dans quelques années, l'Etat assumera la moitié du produit total de la taxe locale d'habitation. Ce premier constat montre bien que la loi du 10 janvier 1980 qui avait eu pour utilité de donner aux élus locaux le pouvoir de voter dans le budget primitif les taux des impôts directs locaux n'a pu enrayer une tendance forte à la recentralisation du pouvoir fiscal dans notre pays. Ce premier constat est complété par le second.

Second constat : ces allègements concernent plus de la moitié des contribuables locaux. Tout d'abord, les allègements concernent les zones urbaines hors le cas de Paris qui est atypique. Ainsi, sur 76 grandes villes de plus de 70 000 habitants, seulement 12% ont une taxe locale d'habitation assumée par le contribuable local (deux en province : Aix-en-Provence et Dijon et dix en Ile-de-France dont Paris). Certaines zones géographiques bénéficient de la solidarité nationale : le littoral méditerranéen, le Nord, le Massif central, la Seine-Saint-Denis, les Côtes d'Armor et le

Finistère. Au contraire, d'autres zones bénéficient très peu de ce mécanisme de solidarité nationale : Paris et le Bassin parisien, l'Est de la France et la région Rhône-Alpes. Le bilan de ces disparités entre la taxe locale d'habitation selon les différents départements est donc très instructif car il procède à un partage des zones entre celles où les contribuables jouent la carte de la solidarité nationale et celles dans lesquelles, les contribuables locaux paient le prix de la fiscalité de la taxe d'habitation.

On sait que le législateur avait institué dans la loi de finances pour 1990 une taxe départementale sur le revenu qui a été abandonnée en 1992 pour des raisons officiellement techniques, mais en réalité parce que la question risquait d'aboutir à un résultat politiquement dangereux. Il est peut être plus réaliste de proposer une réforme de la taxe locale d'habitation dans laquelle le nouvel impôt ressemblerait à une CSG locale retenue à la source et mieux répartie entre les ménages selon des critères nationaux. Cette solution, assez rentable pour les finances locales et économique pour l'Etat, aurait cependant l'inconvénient de poursuivre la nationalisation de la taxe locale d'habitation dont les règles échapperaient aux élus locaux.

En conclusion, nous pouvons remarquer que la nouvelle loi organique[12] du 29 juillet 2004 relative aux finances locales, prise en application du nouvel article 72-2 de la Constitution[13], va instituer une garantie juridique au profit des ressources propres de budgets des collectivités territoriales.

---

[12] Loi organique n° 2004-758 du 29 juillet 2004, relative à l'autonomie financière des collectivités territoriales (JO du 30 juillet 2004).

[13] Voir notre étude, les aspects financiers de la loi constitutionnelle du 28 mars 2003, *Droit administratif*, n° 4, avril 2003, Chron. p. 10.

La question de la fixation du niveau des ressources fiscales locales aura par conséquent une place stratégique dans la mesure où les élus locaux, et particulièrement les sénateurs, ont voulu inverser la tendance à la dépendance fiscale des budgets locaux par rapport à l'Etat.

En somme, la loi du 10 janvier 1980 traite de la question des recettes en appliquant la maxime de Gaston JEZE : « Il y a des dépenses, il faut les couvrir ! ». Ce qui montre bien que les budgets locaux sont des budgets de dépenses : on fixe d'abord le niveau des dépenses, puis on équilibre en adoptant des taux qui permettent de boucler le budget. Finalement, le vote des taux a constitué la variable d'ajustement des budgets locaux depuis la loi du 10 janvier 1980. Certes, la question des recettes est essentielle mais secondaire. La première priorité est de mieux maîtriser la dépense grâce à la mise en place d'indicateurs de performance et là s'ouvre un nouveau chantier dans lequel on s'intéressera d'abord aux dépenses en commençant par instituer un contrôle de gestion propre à chaque personne publique locale.

L'assiette des impôts locaux : archaïsme et incertitudes, le point de vue des contribuables

Marc Eisenberg,
Président d'Alma Consulting Group,
Directeur de la Publication « La Lettre de la fiscalité locale »

En raison de l'important coup de pouce donné par le Président de la République à l'actualité concernant la taxe professionnelle (TP), je vais vous parler de cet impôt.
En effet, discourir sur l'ensemble des impôts locaux nécessiterait deux ou trois heures pour simplement survoler le sujet.

Concernant la taxe professionnelle, je vais vous faire un aveu : en tant que contribuable et en tant que chef d'entreprise, je n'aime pas la taxe professionnelle. Je n'aime vraiment pas cet impôt.

L'impôt sur les sociétés, la TVA sont des impôts européens et nous y sommes habitués. La taxe professionnelle, on n'arrête pas de nous dire que c'est une spécificité française : On n'a pas très envie de la payer. La taxe professionnelle ne date que de 1975. L'impôt sur le revenu a été créé par Joseph Cailleaux en 1917. L'impôt sur les sociétés date de 1948 et, pour la TVA, on va célébrer cette année les cinquante ans de sa création par Maurice Lauré. Peut-être que la taxe professionnelle est trop jeune. On va me répliquer « pas du tout, la taxe professionnelle n'est que la continuation de la contribution des patentes » qui date de 1791. Mais en réalité ce n'est pas exactement le même impôt. À l'époque, c'était autant une licence qu'un impôt et la patente portait également sur les locaux d'habitation.

Je vous propose donc d'étudier les reproches qui sont faits à la taxe professionnelle et d'essayer de vérifier leur pertinence.

Il y a beaucoup de reproches qui sont faits à la taxe professionnelle : il s'agirait d'un impôt lourd, pesant, inégal, injuste, anti-économique et archaïque.

Est-ce que ces reproches sont aujourd'hui toujours aussi fondés, et qu'est-ce que cela donne comme idée pour le remplacement de la taxe professionnelle ?

Un impôt lourd : le coût de la taxe professionnelle a légèrement diminué pour les entreprises - elle avait culminé en 1998 à 23 milliards d'euros – en raison notamment de la suppression de la part des salaires. Mais l'ensemble de la taxe professionnelle a augmenté en raison du rôle de premier contribuable local de l'Etat. l'Etat verse 40% du produit de l'imposition totale de la taxe professionnelle.

Par conséquent, si on regarde en cumulé, le produit de la taxe professionnelle n'a pas arrêté d'augmenter. En 1998 : 32,5 milliards d'euros ; en 2000 : 34,5 milliards d'euros ; en 2001 : 36 milliards d'euros.

C'est un impôt lourd, certes. Mais ce reproche est-il fondé ?

Il y a de plus en plus de demandes à satisfaire au niveau des collectivités locales. Et, si j'ai bien compris, avant même les nouvelles mesures de décentralisation envisagées par le gouvernement, et à fortiori après, il y a des pans entiers de dépenses qui doivent être pris en charge en raison de transferts de compétences, par les collectivités locales. Il est logique que cet impôt augmente et les communes ont besoin, à juste titre, de recettes de plus en plus importantes.

Je dirais aussi que l'augmentation de la taxe professionnelle, et le poids financier qu'elle représente, aussi bien en valeur absolue que son importance dans le financement des communes, rend plus compliqué le casse-tête de son remplacement. S'il ne s'agissait que de 5 ou 6 milliards d'euros, on trouverait peut-être. Quand il s'agit de plus de 30 milliards d'euros, l'équation est beaucoup plus difficile.

Aujourd'hui, il ne s'agit pas de supprimer la taxe professionnelle mais de la remplacer. En conséquence, tout impôt qui la remplacera aura un coût économique équivalent ou supérieur, compte-tenu des besoins des collectivités locales qui vont encore augmenter.

On a parlé d'un impôt injuste, injuste pour les différences de taux d'imposition d'une commune à l'autre, et injuste en raison des sommes prépondérantes et exagérées, versées par les sociétés industrielles.

Effectivement il y a bien des taux inégaux entre communes. On peut prendre un exemple : le taux de Neuilly qui est de 16,77%. Et vous voyez Toulon qui culmine à 42% de taux de taxe professionnelle. Le taux moyen d'imposition national est légèrement supérieur à 23%.

Cela étant dit, la situation s'est nettement améliorée ces dernières années grâce au progrès de l'intercommunalité. Le plus choquant était de rencontrer dans un même bassin d'emploi, à quelques kilomètres de distance, des communes avec des taux complètement différents. Aujourd'hui on assiste même à une vraie révolution : en 2003, pour la première fois, les établissements publics qui rassemblent les fonds des taxes professionnelles uniques (TPU), de la taxe professionnelle d'agglomération, ont récolté plus de 50% de la taxe professionnelle en France. Or ces mécanismes d'intercommunalité permettent de réduire sensiblement la disparité des taux.

Faut-il aller jusqu'à une absence de disparité ? Je ne le crois pas. C'était la proposition sans doute la plus contestable de l'excellent rapport du conseil des impôts, en 1997, sur la taxe professionnelle. Non, si on veut qu'il reste une autonomie fiscale locale, il faut bien que les élus votent les taux des impôts locaux. Et il faut pouvoir donner une prime aux communes vertueuses qui gèrent mieux les fonds publics que leurs voisines. Il est normal que subsistent des disparités des taux et il suffit qu'elles soient acceptables. Incontestablement, il y a des progrès dans les diminutions de l'écart entre communes voisines.

N'oublions pas la modification il y a quelques mois à peine de la Constitution. Je reviendrais juste sur l'article premier : lorsque la Constitution disposait que la France est une République indivisible, laïque, démocratique et sociale, le législateur a ajouté « son organisation est décentralisée ». Cela semble signifier une autonomie fiscale pour les élus locaux de pouvoir voter des taux qui sont, par définition, disparates.

Autre reproche effectué contre la taxe professionnelle, celui concernant l'industrie : l'industrie paye trop de taxe professionnelle, ce qui entraîne des délocalisations. C'est d'ailleurs la principale raison des mesures de réforme annoncées par le Président de la République.

Les industries représentent 26% dans l'ensemble des entreprises, 1/3 du PNB et payent aujourd'hui 57% du montant total de la taxe professionnelle. C'est injuste. On peut concevoir que l'industrie paye légèrement plus que des activités de service parce qu'elle utilise plus d'infrastructures et nécessite plus d'investissements lourds de la part des communes. Mais aujourd'hui la disproportion industries-services est, à l'évidence, insupportable. Et on pourrait ajouter d'ailleurs que l'industrie est de plus en plus pénalisée et elle bénéficie de moins en moins du plafonnement à la valeur ajoutée puisque depuis 1996, on a arrêté le compteur, pour ce plafonnement, au taux en 1995. Et effectivement, l'industrie se voit encore plus pénalisée par la façon dont le mécanisme de plafonnement à la valeur ajoutée s'applique.

Clairement, à mes yeux, il s'agit du reproche principal que l'on peut faire aujourd'hui à la taxe professionnelle. Son caractère injuste et inégal provient de sa répartition aujourd'hui entre entreprises de services et de main d'œuvre et entreprises industrielles.

On parle aussi de la taxe professionnelle comme un impôt anti-économique. Pourquoi ? Parce qu'elle frappe l'investissement ou elle a frappé dans le passé l'embauche et l'investissement (lorsque la masse salariale faisait partie de la base imposable).

Je crois en réalité qu'il s'agit plutôt d'un problème de pédagogie : tous les impôts frappent quelque part soit un patrimoine, soit un flux de richesse. Lorsqu'une entreprise investit, c'est pour gagner de l'argent. Elle va améliorer ses résultats et payer, par exemple, de l'impôt société en plus. Lorsqu'on taxe la consommation à travers la valeur ajoutée, on pourrait dire quelque part que c'est anti-économique. Je crois simplement que la taxe professionnelle souffre d'une trop grande lisibilité. C'est évident lorsqu'il s'agit d'investissements. Ou, lorsqu'il s'agissait d'embauches, cela paraissait trop direct comme lien parce que, effectivement, le contribuable préfère les impôts indirects et indolores. Mais personnellement, en tant que fiscaliste, je préfère, au contraire, les impôts qui se voient. Cela nous permet de réagir et d'éviter la dérive des impôts et un poids de contribution pour l'ensemble de la collectivité trop élevé. Il n'y a rien de pire qu'un impôt indolore prélevé à la source, mensualisé et dont on ne mesure plus les effets.

Oui, la taxe professionnelle est en relation avec l'économie. Il faudrait donc trouver un certain nombre de mécanismes – et il en existe – pour lisser les effets d'augmentation de cotisations lorsque l'on investit, ou lorsqu'on embauche, comme cela était le cas dans le passé.

Reproche chronique effectué contre la taxe professionnelle : un impôt archaïque, notamment à trois titres ;

- le problème des procédures d'imposition ;
- les valeurs locatives cadastrales (cela a été déjà longuement évoqué) ;
- le mode d'imposition des immobilisations.

Règles archaïques en matière de contentieux fiscal puisque la taxe professionnelle étant un impôt déclaratif, elle ne bénéficie pas de l'ensemble des dispositions du livre des procédures fiscales (LPF) et n'est pas soumise à la règle du contradictoire.

Cette situation est particulièrement choquante. Il y a déjà 10 ans, un membre éminent du Conseil d'Etat, Jacques Arrighi de Casanova, disait : « Il est fâcheux que la fiscalité locale reste soumise s'agissant des garanties des contribuables à des dispositions d'un autre âge ». Et malgré cette déclaration de 1993, pendant des années, le Conseil d'Etat n'a pas changé cet état de fait. Heureusement, la situation aujourd'hui est différente. Elle est différente depuis peu, depuis 2002, depuis que le Conseil d'Etat a transposé, en matière de taxe professionnelle, un arrêt de 2001 Ferme du Rumont (Conseil d'Etat, Section, 7 décembre 2001, n° 206145, Société anonyme la Ferme de Rumont), à travers l'important arrêt SIMOENS du 5 juin 2002 (CE 5 juin 2002, n°219840,

Simoens) , en expliquant que tout rehaussement d'un impôt déclaratif doit respecter le principe général des droits de la défense et être précédé d'une notification (d'une lettre motivée) permettant au redevable de produire ses observations.

Cela peut paraître absolument évident ; c'est dans la droite ligne de la jurisprudence de la Cour Européenne des droits de l'homme sur l'article 6 de la Convention Européenne des Droits de l'Homme. Il n'empêche que cette évolution ne s'est faite qu'après des années de contentieux et de procédures.

Est-ce que pour autant le contribuable est complètement heureux ? Pas tout à fait. Il reste quand même un petit régime d'exception en matière d'impôts locaux parce que, évidemment, la procédure contradictoire de redressement est assortie davantage de garanties pour le contribuable qu'une simple notification (ou lettre motivée). On est en plus dans une situation juridique complexe et ambiguë – Pascale Martinet parlait de « baroque fiscale » – parce qu'il y a juxtaposition d'assiettes et de procédures. Par exemple, le contentieux de la cotisation minimale à valeur ajoutée relève de la procédure contradictoire, alors que le redressement de l'assiette des immobilisations ne bénéficie que de l'attribut d'une lettre d'information. Je dirais, Monsieur le législateur, qu'il faudrait faire encore un petit effort pour arriver à ce qu'un contribuable, en matière de taxe professionnelle, soit aussi bien garanti qu'en matière d'impôts sur les sociétés.

Néanmoins, cet archaïsme, à 90%, est derrière nous.

Nous avons parlé de l'archaïsme de la taxe foncière. Pour les valeurs locatives de celle-ci, il était prévu, en dehors des constatations annuelles en cas de construction et de démolition, qu'il y aurait des actualisations tous les trois ans et des révisions générales tous les 6 ans de ces valeurs locatives. En réalité, cette actualisation s'est transformée par une actualisation en 1980 et une indexation annuelle, et la revalorisation générale n'a jamais eu lieu. Une loi a été votée en 1990 (grande révision des valeurs cadastrales). Cela a coûté très cher au contribuable : des centaines de millions d'euros pour faire les travaux de recensement permettant cette réforme. Et le décret n'est jamais paru parce que le transfert entre contribuables a été politiquement considéré comme insupportable.

Est-ce à dire qu'il est impossible – et c'est au cœur de la réforme de la taxe professionnelle – d'effectuer la mise à jour des valeurs cadastrales ? Je ne suis pas aussi pessimiste. Finalement, ce qui est évidemment insupportable, c'est un transfert des charges puissant et massif. Mais il suffirait à mon sens de l'encadrer sur plusieurs années avec des mesures de plafonnements. C'est d'ailleurs ce qui s'était passé en 1975 à la création de la taxe professionnelle où les transferts de charges étaient extrêmement importants. Il y a eu une petite révolte des contribuables. A ce moment-là, il y avait une aversion forte de la taxe professionnelle, et l'instigateur de la taxe professionnelle, qui se trouve vouloir être aujourd'hui son fossoyeur, Monsieur Jacques Chirac, avait été obligé de mettre en place des phénomènes d'écrêtement pour éviter justement ces transferts de charges trop violents d'une année sur l'autre.

Enfin, encore un archaïsme : la façon dont sont imposées les immobilisations en matière de taxe professionnelle, à leur valeur historique. C'est très curieux. C'est une spécificité qui évidemment est difficile à justifier. Pourquoi va-t-on pénaliser les vieilles entreprises industrielles qui vont payer encore de l'impôt sur des immobilisations qui ne valent plus grand chose ? Là, clairement, il faut moderniser et la modernisation passe par la prise en compte de l'amortissement. Là aussi, il faut le faire progressivement compte tenu des transferts de charges que cela peut représenter.

Un mot encore concernant la décision du Président de la République sur la franchise de 18 mois sur les nouveaux investissements.

J'ai eu l'occasion de dire que cette franchise, «ce cadeau», me paraissait curieux. Curieux puisque l'on vous dit que pendant 18 mois, si vous investissez, mesdames et messieurs les entrepreneurs, vous ne payerez pas plus de taxe professionnelle. Mais en taxe professionnelle, on paye avec un décalage de deux ans sur les bases déclarées. Quand j'investis en 2004 et 2005, je paye la taxe professionnelle correspondante en 2006 et 2007. Et on me prédit qu'en 2006 et en 2007, la taxe professionnelle n'existera plus. J'ai du mal à comprendre où se trouve le cadeau. J'ai plutôt l'impression d'un effet d'annonce !

Concernant le problème important du remplacement de la taxe professionnelle, beaucoup de pistes ont été avancées. Il y a des pistes qui concernent les impôts d'Etat : il s'agit de consacrer une partie d'un impôt d'Etat au remplacement de la taxe professionnelle. On propose par exemple de régionaliser une partie de la TVA ou de la CSG ou d'instituer une taxe additionnelle sur l'impôt sur le revenu ou sur l'impôt sur les sociétés.

Toutes ces pistes posent des problèmes techniques très compliqués. Juste un exemple, pour la TVA : une modulation régionale de la TVA semble tout à fait contraire à l'article 12 de la 6ème directive européenne.

On a vu le poids que représente la taxe professionnelle. Si on devait affecter une partie d'un impôt d'Etat au financement de la collectivité locale, il faudrait augmenter de façon extrêmement importante cet impôt. Cela semble complètement contraire à la fois à la politique gouvernementale et également à l'harmonisation européenne puisque la plupart des taux des impôts d'Etat sont légèrement plus importants en France que dans les autres pays européens.

Ces pistes me paraissent devoir être abandonnées.

On a envisagé également de remplacer la taxe professionnelle par la taxe intérieure sur les produits pétroliers (TIPP), la contribution sociale généralisée (CSG), ou par la création d'une nouvelle taxe sur les télécommunications. Mais il est important de se souvenir que la taxe professionnelle est un impôt payé par les entreprises. Il semble contraire à toute la politique gouvernementale de transférer cette charge des entreprises vers les ménages, ceci est pratiquement impossible. Cette considération indiscutable réduit de façon importante une partie des pistes de remplacement qui sont aujourd'hui présentées.

Il convient également de prendre conscience que la taxe professionnelle, en réalité aujourd'hui, regroupe pratiquement plusieurs impôts en un. Je voudrais en effet insister sur le fait qu'il y plusieurs modes d'imposition qui coexistent. Les industries à faible valeur ajoutée sont plafonnées à 3,5%, ou 4% si ce sont de très grandes entreprises. Les services payent généralement une cotisation minimale à la valeur ajoutée ; encore un calcul déconnecté de l'assiette d'immobilisations qui est contestée aujourd'hui. En fait, seules sont imposées sur la base classique des immobilisations de l'entreprise, les PME ou les activités industrielles performantes.

Il faut bien avoir à l'esprit que chacun ne paye pas exactement le même impôt, dans un système très complexe.

Pour revenir sur les pistes de remplacement, je croyais, avant d'écouter le Professeur Plagnet ce matin, qu'il pouvait y avoir un consensus sur trois principes :

- la taxe professionnelle doit rester un impôt supporté par les entreprises ;
- la taxe professionnelle doit avoir des bases non volatiles et il faut des ressources relativement stables ;
- il faut que les bases d'imposition soient facilement localisables.

Or, apparemment, le consensus n'est pas total. Dans son introduction, le Professeur Plagnet tout en soulignant la difficulté d'avoir un impôt avec des bases non localisables, a néanmoins envisagé cette solution et des impositions plus ou moins forfaitarisées. Pour ma part, je m'interroge pour les communes, quant à savoir quel serait l'intérêt d'un maire d'accueillir une industrie fort polluante s'il n'y avait aucun effet fiscal favorable à la commune. On doit, sans doute, se poser cette question.

Il est nécessaire que les bases soient clairement localisables pour garder ce lien entre l'entreprise, la commune et les élus qui votent le taux.

Si l'impôt local doit demeurer un impôt à la charge des entreprises, cela signifie évidemment que toutes les pistes concernant l'affectation d'une partie de l'impôt sur le revenu, de la TVA ou de la C.S.G. doivent être écartées.

Si l'impôt local doit avoir des bases non volatiles, cela veut dire pas d'affectation d'une partie de l'impôt sur les sociétés. En effet, les résultats d'une entreprise varient très fortement d'une année sur l'autre. Les collectivités locales doivent conserver un impôt avec des bases qui soient relativement constantes et dynamiques. Elles n'ont pas le droit de présenter des budgets déficitaires.

Garder un impôt facilement localisable écarte également un certain nombre de pistes : tous les impôts qui sont calculés sur la globalité économique, sans pouvoir être répartis de manière indiscutable en fonction de leur implantation.

Quand on fait cette analyse, on se rend compte que les pistes de changement ne sont pas vraiment évidentes.

D'abord, une partie des reproches qui sont faits aujourd'hui à la taxe professionnelle est devenue, à mes yeux, infondée. Une partie des reproches subsiste, notamment la part exagérée, supportée par l'industrie. Mais on peut faire des réformes et des ajustements qui modifieraient, qui atténueraient fortement les inconvénients de la taxe professionnelle aujourd'hui.

Quels sont les axes d'évolution possibles :
- Effectuer une réévaluation cadastrale (il me semble qu'avec un mécanisme de plafonnements, c'est envisageable) .
- Réintroduire les salaires. Pourquoi ? Pour rééquilibrer la taxe professionnelle entre l'industrie et les entreprises de main d'œuvre. Il n'a pas été démontré, en effet, que la suppression de la part des salaires a été un autre mécanisme qui a permis de créer beaucoup d'emplois. Donc, il convient de réintroduire les salaires dans la base d'imposition, de manière certes modérée, pour revenir à un impôt plus justement réparti.

Ensuite, on devrait élargir la taxe professionnelle aux immobilisations incorporelles et aux immobilisations financières qui sont une vraie richesse d'entreprise et qui, aujourd'hui, ne sont pas du tout prises en compte.

Il convient également de tenir compte des amortissements et de revoir les taux de plafonnement.

Comme vous pouvez vous en rendre compte, il y a beaucoup d'axes d'amélioration forte de la taxe professionnelle afin de la transformer en un outil plus efficace.

Les défauts d'archaïsme des procédures d'imposition sont, en grande partie, caducs.

Grâce au progrès de l'intercommunalité, les défauts dus à l'inégalité des taux sont, en partie, caducs.

Si ce rééquilibrage industrie – main d'œuvre est effectué, il me semble que la taxe professionnelle répond plus aux préoccupations d'aujourd'hui que d'autres impôts à son cahier des charges : un impôt d'entreprise localisable, avec des bases constantes et dynamiques. J'ai peut-être un propos un peu iconoclaste puisque tout le monde tire à boulet rouge sur cette impopulaire taxe professionnelle.
J'ai envie de vous dire que quand j'entends « impopulaire », j'entends « impôt » et « populaire », c'est à dire que tout impôt par définition est impopulaire.

Et, en outre, pour revenir à mes propos initiaux, la taxe professionnelle est un jeune impôt …

On constate les difficultés extrêmes à trouver une solution de remplacement. Pour ma part, je m'interroge et me demande s'il ne vaut mieux pas amender et réformer. Je note, d'ailleurs, que telles étaient les conclusions du Conseil des impôts en 1997 qui a quand même travaillé pendant plus d'un an, de façon extrêmement sérieuse, avec des gens autrement qualifiés que je ne le suis, pour arriver à dire que l'on ne pouvait pas remplacer et changer complètement la taxe professionnelle mais qu'il fallait l'amender sérieusement.

Je dirais que la taxe professionnelle, c'est un peu la démocratie « à la Churchill » ; c'est-à-dire le pire des systèmes mais, pour avoir des ressources stables pour les collectivités locales, je n'en connais pas de meilleur.

Supprimer la taxe professionnelle, c'est peut-être une idée simple mais c'est une idée simple qui complique tout.

Le déclin de l'autonomie fiscale locale

Mirko Hayat
Responsable du département fiscal de la
Chambre de commerce et d'industrie de Paris

Qu'il me soit permis tout d'abord de prolonger les propos de bon sens que vient de tenir M Eisenberg. Il me semble en effet que ce qui a achevé de conduire à l'incohérence dans laquelle nous nous trouvons aujourd'hui, en terme de taxe professionnelle spécifiquement, c'est la réforme de 1998 qui a totalement déséquilibré le prélèvement et qui n'a pas représenté une économie aussi importante pour les entreprises qu'on veut bien le dire. En effet, cette réforme s'est traduite d'un côté par la suppression progressive de la part salariale, mais en contre partie par le gonflement de deux anciens impôts existants qui sont affectés directement au budget de l'Etat. Il s'agit de la cotisation minimale de taxe professionnelle qui rapportera vraisemblablement plus d'un milliard deux cents millions d'euros en 2004 alors qu'il était prévu, dans les documents parlementaires de l'époque, en 1998, pour la loi de finances pour 1999, que cette taxe ne rapporterait « que » 150 millions d'euros. Il convient d'ajouter à cela le triplement de la cotisation de péréquation et la suppression de la réduction pour embauche et investissement.

S'il avait fallu consacrer réellement des sommes à la baisse de la taxe professionnelle, il aurait été plus équitable et plus efficace de procéder, dans un souci de justice vis-à-vis de l'industrie évidemment, à une diminution équilibrée de la part salaire et de la part investissement.

Mais ce n'est pas tout à fait mon propos puisque le thème qui m'a été attribué, c'est celui du déclin de l'autonomie fiscale des collectivités locales.

Sur ce point, peut-être aurait-on pu, avec profit, rajouter un point d'interrogation ou intituler cette intervention « le déclin de l'autonomie fiscale des collectivités locales va-t-il se poursuivre ? » parce que la question est à ce jour toujours posée.

Lorsque nous avons pris avec Thierry Lambert l'initiative de bâtir ce colloque, nous n'imaginions pas que ce thème deviendrait central avec l'annonce, par le Président de la République, de cette réforme de la taxe professionnelle. Or il est apparu, dans le débat public qui s'est développé dans les jours qui ont suivi cette annonce, qu'au même titre que les interrogations sur la nature de l'impôt qui devrait remplacer la taxe professionnelle, ce sont posées avec force, celles tenant à l'autonomie des collectivités locales et à la forme que prendrait la compensation éventuelle de l'Etat. Cette question s'est aussi posée avec autant d'insistance pour la première phase de la réforme consistant en une franchise pour les nouveaux investissements.

C'est une question qui est toujours récurrente - le législateur n'est pas encore intervenu mais ce n'est pas grave, il interviendra plus tard – et quand il interviendra, comment va-t-il compenser aux collectivités locales le manque à gagner ? C'est une question qui a traversé les 25 dernières années.

Qu'est-ce qu'exactement l'autonomie fiscale des collectivités locales ?

Nous pouvons remarquer tout d'abord que la Constitution n'établit aucun lien entre la libre administration et l'autonomie financière ou fiscale des collectivités locales, tout au moins dans sa version précédant l'adoption de la loi constitutionnelle de 2003[1]. Et jusqu'à l'adoption de cette loi constitutionnelle, c'est la jurisprudence du Conseil constitutionnel qui a construit le concept d'autonomie fiscale en tant qu'il est un des moyens de respecter le principe de la libre administration. Ceci s'est fait à l'occasion de quelques décisions du conseil constitutionnel que je rappellerai brièvement mais le Professeur Philip le fera de manière beaucoup plus détaillée et beaucoup plus brillante que je ne pourrais le faire.

Avant la loi constitutionnelle, c'est donc à une construction jurisprudentielle qui élabore ce concept, alors que depuis l'adoption du projet de loi, nous avons un texte qui semble consacrer une autonomie fiscale des collectivités locales. Mais, comme l'a très bien rappelé Monsieur Plagnet, il apparaît à la rédaction des textes, qu'il s'agisse de la loi constitutionnelle ou projet de loi organique, que la réponse à la question est loin d'être claire et qu'en fait, c'est la jurisprudence du conseil constitutionnel qui s'inscrit de manière un peu plus précise dans la loi, mais c'est loin d'être une révolution.

Pourquoi cette question de l'autonomie a-t-elle émergé ?

Elle a été légèrement été évoquée au moment du vote de la loi de 1980, dont Monsieur Douat a parlé tout à l'heure. Et, comme il l'a très bien souligné, la liberté de vote des collectivités locales est passée un petit peu derrière l'élaboration par l'Assemblée nationale d'un nouveau texte sur la loi de 1980 qui, comme il l'a dit, a été voté mais n'a jamais été appliqué, qui était le passage à la valeur ajoutée pour le calcul de la taxe professionnelle.

---

[1] Loi constitutionnelle n° 2003-276 du 28 mars 2003 relative à l'organisation décentralisée de la République.

Et donc, le thème de la liberté de vote a fait l'objet à l'époque de quelques commentaires mais c'était quand même un petit peu second dans la démarche, bien que la loi elle-même était une loi sur la liberté de vote par les collectivités locales.

Je précise d'ailleurs qu'au départ, le projet de loi qui était déposé par le gouvernement introduisait un plafonnement de la taxe professionnelle à 20%. Dans le texte initial, la taxe professionnelle avait un plafond défini en valeur absolue. Et à l'époque, cela paraissait un plafond absolument hors d'atteinte. La moyenne était à 10 ou 12%. Il y en avait peut-être quelques-uns qui dépassaient les 20% mais très légèrement et on avait prévu un mécanisme pour les faire redescendre en quelques années aux 20%. Vous voyez donc qu'il y avait une heureuse époque et que les choses se sont considérablement dégradées du côté des taux.

Cela a donc été la première étape.

La deuxième période, celle qui commence approximativement en 1991 voit émerger de manière beaucoup plus forte le thème de l'autonomie fiscale des collectivités locales Il s'agit de tout le débat qui a surgi à l'occasion des réformes successives caractérisées par un mouvement de recentralisation de la ressource fiscale. J'ai parlé de la cotisation valeur ajoutée et de la cotisation de péréquation, mais toutes les réformes qui ont concerné le plafonnement en fonction de la valeur ajoutée avec des variations dans le taux, la suppression de la part salariale, la suppression de la part régionale de la taxe d'habitation, la disparition de la vignette etc. ont conduit à ce mouvement de recentralisation de la ressource fiscale et c'est à cette occasion que les élus locaux ont entendu défendre leur autonomie fiscale.

Quand l'Etat fait une réforme allégeant la pression exercée par la fiscalité locale, c'est à dire quand elle accorde des avantages au contribuable, il va plus ou moins se substituer au contribuable local pour compenser aux collectivités le manque à gagner qu'occasionne la réforme votée par le législateur. Il existe essentiellement deux modes de compensation : soit on passe par le dégrèvement, c'est à dire que l'on continue à prélever l'impôt tel qu'il existait avant la réforme. On continue ainsi à l'asseoir de la même manière, et ensuite, l'Etat accorde un dégrèvement au contribuable. Cette manière de procéder est transparente pour la collectivité locale qui continue à percevoir ses ressources de la même manière puisque c'est l'Etat qui rembourse au contribuable le montant de l'allégement. C'est ce qui avait été adopté pour le plafonnement en fonction de la valeur ajoutée, qui a subit importante détérioration en 1995 puisque le plafonnement est calculé à partir d'une cotisation fictive figée selon le taux de 1995. Ce mode de financement est très confortable pour les collectivités locales. En même temps, on peut dire qu'il n'est pas totalement injuste parce que les bases continuent à évoluer et la collectivité locale perçoit exactement ce qu'elle aurait perçu s'il n'y avait pas eu la mesure adoptée par l'Etat. Mais on doit convenir que ce mécanisme n'est pas entièrement neutre! On peut penser qu'elle reçoit peut-être un peu plus parce qu'il est plus facile d'augmenter les taux quand on sait qu'une partie de l'impôt va être payée par le contribuable national. Et donc, le mécanisme du dégrèvement peut avoir tendance à pousser à l'augmentation des taux et c'est ce contre quoi la loi de finance pour 1995 a voulu s'opposer, c'est à dire en figeant le plafonnement aux valeurs ajoutées au taux de 1995.

Les autres compensations sont des compensations qui sont figées à la valeur de ce qui est constaté l'année de la réforme. Et dans ce cas-là, la collectivité locale, évidemment, ne bénéficie pas de la modification des bases.

Cela a deux effets négatifs. D'une part les collectivités dont les bases auraient dû augmenter se voient privées d'une ressource qu'elles auraient pu avoir si la réforme n'avait pas été adoptée. Et à l'inverse, les collectivités qui voient leurs bases diminuer ont un effet d'aubaine puisque la compensation de l'Etat est fixée sur des bases qui n'ont plus de réalité. D'autre part les communes qui accroissent leurs dépenses ou qui ont des besoins supplémentaires ont leur compensation figée.

Les collectivités locales ont contesté vigoureusement ce mouvement de recentralisation de la ressource locale et cette contestation s'est exprimée très fréquemment devant le Conseil constitutionnel. C'est en règle générale les sénateurs qui sont aussi des élus locaux et les députés qui ont contesté les modes de compensation que le législateur avait prévus. Ils se sont appuyés sur l'article 72 de la constitution qui prévoit la libre administration des collectivités territoriales.

Le Professeur Philip devant aborder ce sujet cet après-midi, je ne vous en parlerai que brièvement. Disons qu'il y a cinq grandes décisions du Conseil constitutionnel qui fixent les règles du jeu en la matière et on peut dire que la première décision est une décision de 1991 sur un prélèvement de l'Ile de France sur une réforme de la dotation globale de fonctionnement des communes[2]. A cette occasion, le conseil constitutionnel a été assez rigoureux et a dit « qu'en vertu de l'article 34 de la constitution, il appartient au législateur de déterminer les principes fondamentaux de la libre administration des collectivités locales, de leurs compétences et de leurs ressources ainsi que de fixer les règles concernant l'assiette, les taux et les modalités de recouvrement des impositions de toute nature ».

[2] CC : Décision 91-291 du 6 mai 1991

Il y avait donc un champ très vaste qui était laissé à l'action du législateur. Ce qui avait pour conséquence de limiter le pouvoir local. Et le Conseil constitutionnel a précisé par la suite que « dans l'exercice de sa compétence fiscale, le législateur n'est pas tenu de laisser à chaque collectivité territoriale la possibilité de déterminer seul le montant de ses impôts locaux ». Ce sont simplement des possibilités dont dispose le législateur vis-à-vis du décideur local.

Ce à quoi nous avons assisté de la décision de 1991 à la décision de 2000 portant sur la suppression de la part régionale de la taxe d'habitation[3], c'est à un rappel constant de ces principes par le juge constitutionnel assorti toutefois d'une mise en garde adressée au législateur auquel il semble dire : « Attention ! N'allez pas trop loin car vous risquez d'empiéter sur la libre administration des collectivités locales. Si vous allez plus loin[4], nous risquons de censurer des textes qui iraient jusqu'à entraver la libre administration des collectivités locales ».

Notamment, la dernière décision permet au Conseil constitutionnel de préciser que la libre administration suppose des ressources globales suffisantes mais à la condition aussi que ces ressources soient composées de ressources fiscales significatives. C'est à dire que là, il précise un petit peu plus l'architecture des prélèvements de manière à respecter la libre administration des collectivités locales.

Sur ce mouvement jurisprudentiel, je ne m'étends pas plus longtemps. Simplement, la question que je poserai pour en terminer est la suivante : est-ce que la loi constitutionnelle et le projet de loi organique modifient considérablement la donne ?

---

[3] CC : Décision 2000-432 du 12 juillet 2000

[4] sans toutefois préciser jusqu'où !

Monsieur Plagnet y est revenu ce matin. Il a parlé de l'élargissement de l'article 72 de la Constitution qui attribue aux collectivités locales des ressources fiscales « déterminantes ». Est-ce que l'on a vraiment changé grand chose par rapport à la loi constitutionnelle ? Ce n'est pas certain, d'autant qu'à aucun moment, il n'est précisé que ces ressources doivent être des ressources propres. L'incertitude demeure toujours sur le point de savoir s'il s'agit de ressources décidées par la collectivité locale, ou s'il s'agit de transfert de ressources nationales.

Si l'on prend l'exemple du transfert d'une part de TIPP, on peut dans un premier temps envisager l'hypothèse où serait accordé aux collectivités locales le produit d'une fraction de la TIPP, c'est à dire de la taxe prélevée sur la consommation de carburant effectuée sur le territoire de la collectivité à un taux voté par elle. Là, on est vraiment dans le cadre d'une ressource fiscale propre. On a vraiment transféré une ressource fiscale. L'élu local a la possibilité de voter le taux de la taxe qu'on lui attribue et ce produit lui revient sur la base de ce qui est effectivement consommé sur son territoire, puisqu'il s'agit d'une taxe de consommation.

Pour ce qui est de la TIPP, on sait que les deux conditions seront assez difficiles à réunir. La première condition, c'est que l'on puisse mesurer la consommation sur un territoire précis, cela ne pouvant se faire qu'a posteriori. Et deuxièmement, la multiplicité des taux d'accises sur le territoire d'un pays de l'Union est pour l'instant contraire aux dispositions communautaires, et notamment à la directive « énergie ».

La seconde hypothèse envisagée est celle d'un transfert de la TIPP acquittée sur un territoire, mais selon un seul taux voté au niveau national, mais dans ce cas nous nous éloignons de l'autonomie recherchée.

En conclusion, je dirais que les textes que nous avons et qui ont pu être présentés comme étant des textes qui consacrent la liberté et l'autonomie fiscale des collectivités locales ne vont vraisemblablement pas aussi loin que nous aurions pu le penser.

Les enjeux financiers

Sous la présidence de

Philippe Sueur
Doyen honoraire de l'UFR de Droit, Sciences politiques et sociales de l'Université Paris 13
Maire d'Enghien les Bains – Conseiller Général du Val d'Oise

Désormais, depuis 2003 est gravé dans le marbre de la Constitution le principe d'une organisation décentralisée de la République. Ce nouveau fondement constitutionnel, qui consacre également la nécessité de l'autonomie financière des collectivités territoriales, nous oblige à la réforme des finances locales dont la fiscalité est un élément constitutif.

Les enjeux financiers sont multiples, sachant que personne ne souhaite augmenter la pression fiscale globale.

Un principe semble acquis : il faut responsabiliser les assemblées délibérantes des collectivités territoriales en leur confiant le pouvoir de fixer les taux et barèmes de toutes leurs ressources fiscales, actuelles ou objet de transferts à venir.

Il s'agit aussi de renforcer l'autonomie de gestion des collectivités territoriales, en particulier pour ce qui concerne les nouvelles compétences transférées, qui pourront – ou devront – être financées par des transferts de fiscalité.

Si certains souhaitent rompre, au nom de la libre administration des collectivités territoriales, avec le système actuel qui fait de l'Etat le premier contribuable local, d'autres ne verraient aucun inconvénient à ce que la fiscalité soit remplacée par une augmentation des dotations et subventions dont les collectivités décideraient librement de l'emploi.

Le débat relatif à l'usage que l'on fait de la fiscalité locale ne saurait être esquivé. Il participe, ou devrait participer, à la définition de la démocratie locale.

L'Etat, premier contribuable local

Yannick Girault
Administrateur civil à la Direction de la législation fiscale

Dans ce débat tout à fait passionnant de la réforme des finances locales, l'Etat est incontournable. Parfois, on le regrette. Parfois, on considère qu'il ne fait pas assez ou que l'on ne voit pas suffisamment ce qu'il fait. Mais, il est bien clair qu'il est, là, un acteur incontournable du jeu. Parfois d'ailleurs, on souhaiterait qu'il le soit un petit peu moins ; on aurait un petit moins de migraines le soir venu lorsque à l'Assemblée nationale ou au Sénat tel ou tel amendement arrive complexifiant encore un petit peu plus un schéma. Et notamment - je vois que nous avons été prudents dans les propos de cette matinée - de n'envisager que peu l'intercommunalité. Mais c'est tout de même un paysage totalement transformé que l'on a aujourd'hui, dans lequel on voit bien que toutes les règles qui se sont succédées, notamment depuis 1980, sont elles-mêmes à deux niveaux : on a les règles complexes qui nous ont été rappelées ce matin. Puis, on a les mêmes règles, encore plus complexes, avec le cas particulier de l'intercommunalité parce que tout ne se résume pas à la taxe professionnelle unique. Et puis, il y a les transformations de celles qui sont à fiscalités additionnelles vers la taxe professionnelle unique. Et puis, il y a la couche suprême qui est que lorsque l'on a la taxe professionnelle unique, on va vers la fiscalité mixte avec une part additionnelle aux impôts des ménages.

Bref, on a un paysage qui est effectivement très difficile et dans lequel les administrations, la Direction de la législation fiscale que je représente ce matin pour y avoir exercé pendant 4 ans les fonctions du chef de bureau de la fiscalité directe locale, mais également les autres services de la direction du budget - et c'est sans doute à elle que vous faisiez référence tout à l'heure en évoquant les problèmes d'accès ou de lisibilité des documents budgétaires pour connaître l'effort de l'Etat au regard des remboursements et dégrèvements… Avec toutes ces administrations, avec la Direction Générale des Collectivités locales du Ministère de l'intérieur représentée aujourd'hui dans cette salle, je peux vous dire que c'est un travail quotidien, c'est un travail harassant qui n'est pas surprenant pour vous qui êtes les spécialistes, pour le vivre au quotidien ou pour examiner très précisément l'évolution des textes.

Evidemment, parler de l'Etat contribuable local, c'est un thème passionnant mais c'est une provocation bien sûr parce que l'Etat n'est contribuable qu'en situation le plus souvent obligée, obligée par rapport à des préoccupations qui sont celles exprimées par le législateur, position obligée par rapport aux orientations politiques qu'il s'est fixé dans par exemple, pour ne citer que ces quelques contraintes, l'évolution des prélèvements obligatoires, les contraintes communautaires, le resserrement, l'essai ou la tentative de devoir juguler les déficits publics … autant d'éléments qui évidemment impactent son action au regard des décisions relatives à la fiscalité directe locale.

Et puis également, terme provocateur sans doute parce que c'est un contribuable qui, au regard des collectivités territoriales, est un contribuable envahissant. Envahissant par rapport aux propos qui nous étaient rappelés précédemment au regard des ressources propres des collectivités locales. Envahissant au regard de la définition des principes juridiques qui sont en pleine mutation et qui transforment, eux aussi, assez fondamentalement le paysage dans lequel nous allons devoir travailler au cours des ces prochaines années.

Nous avons, et vous l'avez bien dit au cours de cette matinée, une relation à trois : nous avons une relation Etat/collectivités locales, collectivités locales/contribuable (contribuable entreprise, contribuable ménage) et puis la relation Etat/contribuable avec ces ménages et ces entreprises. Relation qui devient ambivalente puisque l'Etat lui-même apparaît comme un contribuable.

Il apparaît comme un contribuable et sans doute n'est-il pas suffisamment connu dans ce rôle. Je prendrais un exemple. En effet, on a tout de même une proportion aujourd'hui assez considérable de ménages qui n'acquittent plus la taxe d'habitation par rapport à l'ensemble du dispositif qui a été mis en place à compter de 2000. C'est un dispositif relativement puissant pour les ménages modestes. Mais n'empêche que ces ménages n'en ont aucunement conscience puisqu'ils ne reçoivent même pas d'avis d'imposition. Donc, ils se trouvent dans une situation d'exonération totale sans savoir même, d'une part, qu'ils participent à des services publics locaux et d'autre part, sans savoir que la charge fiscale qu'ils devraient supporter est en fait prise en charge par le contribuable national qu'est l'Etat.

Divers motifs peuvent l'expliquer : notamment la lourdeur des frais de gestion puisque cela nous conduirait à devoir sortir plus d'1,5 millions d'avis d'impositions supplémentaires. On peut y trouver également d'autres raisons, mais c'est tout de même une situation objective. Et on voit que l'Etat en tant que contribuable n'est pas toujours perçu comme tel. Il est envahissant par certains aspects sans doute, mais également, il assure un rôle qui n'est sans doute pas suffisamment connu de la part de ce troisième bloc de la relation triangulaire constitué par les contribuables, entreprises ou ménages.

Le bilan ou l'état actuel de la place de l'Etat en tant que contribuable local a été, je crois, très précisément énoncé dans les divers chiffres. Chiffres qui sont les miens, à quelques variantes près, selon que l'on prend ou non les frais d'assiette ou de recouvrement, selon que l'on raisonne en montants nets émis ou après dégrèvement. Dans le jeu des nuances, la fiscalité locale excelle mais considérons que les grandes masses que nous avons entendues et vues ce matin sont celles-ci. Il est vrai que l'on a eu une accélération de la place occupée par l'Etat en tant que contribuable local tout à fait forte et significative en l'espace de quelques années.

Personnellement, en travaillant un peu cette intervention, je reprenais les chiffres de 1999 à 2002. Voyez qu'en 1999, il prenait à sa charge environ 5 milliards d'euros et aujourd'hui, nous en sommes à plus de 23 milliards d'euros. Comme vous pouvez le voir, en l'espace de 5 ans, nous avons une augmentation absolument considérable.

Les motifs de ces évolutions ont été cités, je n'y reviendrais pas. Les réformes que l'on a connues et qui ont supprimé tour à tour ou atténué tel ou tel type d'imposition locale, la suppression partielle de la vignette, la suppression de la part régionale de la taxe d'habitation, la réforme du système de plafonnement de la taxe d'habitation en fonction du revenu, la suppression de la part salaire de la taxe professionnelle sont autant de réformes et quelques autres encore (on pourrait rappeler des réformes qui ont eu lieu au regard des droits de mutation à titre onéreux - il est vrai que la liste s'est un peu allongée au cours de ces années) qui expliquent très naturellement l'évolution ainsi constatée.

Lorsque l'on regarde dans le rétroviseur et que l'on se dit « mais pourquoi donc l'Etat entend-il se placer en tant que contribuable ? Quel est son intérêt ? », cela peut paraître fort paradoxal. On connaît sa situation budgétaire et sans doute, nous avons là une des limites à la poursuite de ce jeu. C'est-à-dire que se substituer sans cesse au contribuable trouve effectivement quelques difficultés lorsque l'on sait par ailleurs l'obligation qui lui est faite de devoir réduire son déficit. Mais alors, pourquoi a-t-il pris cette place ? Que poursuivait-il en fait ?

Je vous propose trois interprétations. Evidemment, elles mériteraient d'être creusées et de disposer d'un peu plus de temps pour aller au-delà. Mais fondamentalement, on peut trouver trois explications, qui ne se complètent pas et qui parfois paraissent même antinomiques.

Tout d'abord, on pourrait considérer qu'il en est ainsi parce qu'il y a un dérèglement d'ensemble du système. C'est vrai que lorsque l'on nous rappelait tout à l'heure les termes de la loi de 1980 – loi fondamentale et je vous remercie d'avoir rappelé quels étaient les apports tout à fait significatifs de cette loi avant même que l'on en arrive à ces grandes lois telles qu'on les a appelées les lois Deferre des années 1982/1984, parce que l'on avait déjà un dispositif institutionnel tout à fait novateur dans la fixation des taux ; certes accompagné d'un certain nombre de règles d'encadrement dont la complexité nous a été rappelée. Je ne sais pas s'il faut considérer qu'elle tend à s'accroître par la loi de finances pour 2003 ou au contraire à voir que l'enserrement qui a été opéré tend à se desserrer et on va vers une marge de libertés plus grande mais en tous les cas, on a des orientations qui ont été prises dans un certain nombre de lois. Vous rappeliez tout à l'heure, Monsieur le Président, la loi de 1990 sur la révision générale et c'est vrai que l'on avait fixé à une autre loi l'introduction du nouveau mécanisme et des nouvelles valeurs locatives. Et c'est cette autre loi qui, finalement, n'a pas été présentée au Parlement ; c'est l'Etat qui en est le responsable, certes partagé par des opinions contradictoires sans doute exprimées ici et là par quelques élus locaux, mais il n'empêche que c'est bien lui qui, en 1998, a renoncé définitivement à aller au-delà de la présentation des termes de l'introduction des nouvelles valeurs locatives. Vous savez, on organise parfois des visites « journée monuments historiques ». Je ne sais pas si Bercy est un monument historique mais il serait intéressant, au-delà du bâtiment, d'ouvrir quelques bureaux et le mien en particulier. Je ne serai pas fier parce que vous auriez des armoires entières de rapports de simulation établis entre 1990 et 1998 avec tout un tas de possibilités d'introduction des nouvelles valeurs, toujours butant certes sur la question des transferts mais c'est vrai que la question des transferts coûte de l'argent et c'est une volonté politique. Et quelles que soient les décisions que nous connaîtrons dans les années à venir quant à la révision ou la rénovation ou la transformation du système des valeurs locatives, l'aune essentielle qu'il faudra considérer pour introduire cette réforme, c'est un engagement financier fort et durable. Nous l'avions connu au moment de la patente – cela nous a été rappelé tout à l'heure – lorsqu'a été pris en compte l'allégement transitoire qui a duré tout de même bien des années. L'écrêtement a duré bien des années et on voit bien qu'il n'y a pas du jour au lendemain de big bang en matière de fiscalité directe locale. Mais ce dont il faut s'assurer, au-delà des mécanismes techniques dont on peut toujours discuter, dont on peut toujours conduire des études supplémentaires, c'est la décision politique.

Le système se serait déréglé depuis 1980 mais c'est vrai que je ne suis pas fier de cette explication puisque dans le même temps, on nous disait et on nous rappelait les termes de quelques intervenants en 1930 qui nous disaient déjà que tout ceci n'allait pas et qu'il fallait faire la réforme des finances locales. Sans doute que ce dérèglement n'est pas propre à notre conjoncture – peut-être est-il propre aux finances locales, je n'en sais rien.

Concernant la seconde explication, ça tiendrait au fait que par nature, notre système de financement local est inadéquat par rapport aux objectifs qu'il poursuit. Faut-il des ressources fiscales à la hauteur des dépenses des services publics locaux ? Est-ce que l'on doit avoir un système de financement (ressources fiscales) qui soit assis sur ce qui est tangible au niveau de la collectivité, ce que le Sénateur Fréville ou le Président Fourcade appellent l'imposition des stocks ? Ou à l'inverse, est-ce qu'il n'y a pas aujourd'hui dans le système moderne de constitution de la valeur une réflexion d'ensemble à poursuivre sur ce que serait l'imposition des flux ?

Et à cette lumière-là, je ne suis pas si pessimiste que cela sur la taxe professionnelle puisque comme cela a été rappelé précédemment, la place de la valeur ajoutée est tout à fait significative puisqu'elle intervient, finalement, de manière insensible. Je ne veux pas être provoquant pour ceux qui la supportent mais on voit bien en tout état de cause que la valeur ajoutée constitue un plancher et constitue un plafond. Elle est un plancher à travers la cotisation minimale dont effectivement je confirme les données : 1,2 milliards d'euros, cela me paraît un peu beaucoup ; pour ma part, j'en étais resté à environ 1milliard d'euros de rendement, mais c'est tout à fait significatif. Et puis, on voit bien le rôle - peut-être insuffisant. Peut être qu'à travers les années d'évolution des taux, depuis la réforme de 1995, elle n'assure plus totalement ce rôle-là – de plafond à travers le plafonnement en fonction de la valeur ajoutée. Certes, pas pour toutes les entreprises, pour celles qui répondent à la fois à l'une ou l'autre des possibilités mais on voit bien que l'on a quelque chose qui dans le système global de la taxe professionnelle, on a effectivement très clairement une deuxième assiette : l'assiette classique sur les stocks et une assiette plus moderne, incidente, peut-être encore trop complexe, peut-être pas suffisamment claire, peut-être pas suffisante même quant à son montant ou son niveau qui est sur la valeur ajoutée.

L'inadéquation du système de financement local est peut-être là ; c'est peut-être un système trop assis aujourd'hui sur les stocks à valeur locative et non pas sur les flux.

Il y a une interrogation et des propositions ont été faites dans d'autres enceintes.

La troisième interprétation qui est sans doute un petit peu plus positive pour un fidèle fonctionnaire, c'est de considérer que le système fiscal local s'adapte finalement aux politiques publiques. Parce qu'il y a tout de même quelque chose de frappant. Certes, on peut, dans cette enceinte comme dans d'autres, considérer entre nous l'avenir de la fiscalité directe locale mais on voit bien que le législateur, les autorités politiques d'une manière générale, ont un recours de plus en plus grand à la fiscalité directe locale pour conduire telle ou telle politique publique, en faveur de tel ou tel secteur d'activité, sans doute ne trouvant pas les moyens de le faire à travers d'autres impôts. Car, est-ce que l'on peut isoler la réflexion que nous avons sur la fiscalité directe locale par rapport à la souveraineté fiscale d'une manière d'ensemble ? Et est-ce que quelque part, on ne peut pas se dire qu'il est plus facile d'impulser une action d'allégement, de faveur, au bénéfice de tel ou tel secteur à travers la fiscalité locale qu'il n'est possible de le faire au regard de la TVA, au regard de l'impôt sur les sociétés, ou au regard des impôts relatifs aux distributions ?

Et on voit bien que dans ce jeu un petit peu étonnant, c'est peut-être la fiscalité directe locale qui est effectivement dans l'œil du cyclone et peut-être y a-t-il là un moyen plus facile d'intervention. On voit bien que lorsqu'il s'agit d'influer sur les zones urbaines sensibles, que lorsqu'il s'agit d'influer sur la revitalisation de certaines portions du territoire, que lorsqu'il s'agit d'encourager tel ou tel type d'investissement dans tel secteur d'activités, les impôts locaux répondent présent.

Je ne sais pas si c'est un élément d'optimisme ou si c'est au contraire du fatalisme mais en tous les cas, il est tout de même très prégnant de voir, et plus aujourd'hui qu'il y a 20 ans, que le législateur, à travers les impôts locaux, est davantage présent parce que peut-être c'est un des seuls outils assez immédiats qui est à sa disposition pour orienter de telle ou telle manière la politique qu'il souhaite conduire.

Evidemment, l'Etat est présent. Vous l'avez dit, vous l'avez rappelé à travers les chiffres tout à fait considérables en matière de taxe d'habitation en premier lieu, en matière de taxe professionnelle aussi, un peu moins au niveau de la taxe foncière des propriétés bâties ou non bâties. Mais cependant, il faudra bien que l'on sorte tous ensemble de cette quadrature constituée par le souci de péréquation, constituée par les ressources fiscales propres, constituée par le stock ou le flux et constituée par ailleurs par la politique d'ensemble d'allégement des prélèvements fiscaux.

Tracer aujourd'hui des solutions serait bien sûr très présomptueux et rien ne m'autoriserait à le faire mais trois pistes sont sans doute à explorer :

1) La piste du fatalisme est de dire : « il en est ainsi ». Effectivement, il y a des problèmes ; il n'y a toujours eu que des problèmes. L'histoire du droit fiscal des collectivités locales est là pour nous le rappeler. De considérer qu'il peut y avoir quelques ajustements ici et là mais vaille que vaille, le système peut encore continuer.

Je voudrais revenir sur le fait de savoir si l'on dispose d'indicateurs (sociologiques mais je ne sais pas si c'est de cela dont il s'agit) pour mesurer l'acceptation de l'imposition locale.

Je vous rassure tout de suite, la Direction générale des impôts n'entretient pas d'observatoires particulier ; nous n'avons pas d'enquêtes particulières pour le mesurer. Par contre, une de nos missions, par défaut, qu'est le contentieux est tout de même un élément significatif. Et en matière de taxe d'habitation – on peut s'en réjouir ou le regretter – on a tout de même observé que la réforme de 2000 a conduit à une diminution de près d'un million du nombre de réclamations contentieuses ou gracieuses. En 1999, nous en avions près de 2 millions et en 2002, nous n'en avions qu'un peu moins de un million.

Cette diminution-là, c'est un élément ! Est-ce à dire que s'il n'y avait pas eu la réforme, on aurait toujours eu ce contentieux, peut-être pas. Il peut être lié à la situation économique, à l'aisance ou non des ménages, mais on a tout de même bien un élément. Et lorsque aujourd'hui, on rapporte ce volume du contentieux à l'ensemble des 27 millions d'avis d'imposition émis en matière de taxe foncière, à ces quelques millions d'imposition en matière de taxe professionnelle, lorsque l'on regarde tout ceci par rapport au contentieux, alors la thèse du fatalisme n'est pas totalement stupide et consiste à dire que finalement, ça marche, le contribuable globalement paye. Certes, de temps en temps, il faut donner une petite mesure ici et là mais le système se tient. Sans doute, n'est-ce pas très raisonnable et c'est sans doute pas satisfaisant pour l'esprit que d'en rester à ces termes-là.

2) L'autre hypothèse, c'est la refonte du système fiscal. Nous ne sommes pas restés inertes. L'Etat est contribuable mais l'Etat, également, cherche à se sortir un petit peu de ce guêpier – guêpier que par certains aspects il semble avoir recherché mais guêpier dont également il semble bien piégé aujourd'hui.

Les initiatives sont nombreuses. Les projets le sont également. J'en citerai deux : dans le domaine par exemple de la révision des valeurs locatives, depuis que les travaux ont été interrompus en 1998, nous avons continué à chercher des pistes. Elles ont été infructueuses mais nous continuons. Par exemple, lorsqu'en juin 2001 la ministre chargée du budget d'alors, Florence Parly, présentait au comité des finances locales l'idée d'une révision d'initiatives locales qui constitueraient un mixte entre la réforme de 1990 mais allégé à la sauce locale et le statu quo, les élus ont manifesté un scepticisme certain. Depuis, ceci a été abandonné.

Nous avons eu également dans le paysage la proposition d'en revenir aux règles de 1970 mais en ayant une politique d'actualisation plus dynamique. Parce qu'il ne faudrait pas considérer non plus que quand on dit « imposition du stock », que depuis que le stock est constitué, les fonctionnaires attendent et regardent le ciel. Il y a tout de même chaque année des millions d'informations qui viennent alimenter la base des valeurs locatives, qu'il s'agisse des constructions nouvelles, qu'il s'agisse des additions de constructions, qu'il s'agisse de l'ensemble des informations qui viennent à travers les permis de construire demandés près des mairies et qui viennent alimenter la base de 1970.

Nous continuons à travailler et je ne crois pas que le sujet soit mort ; il est là. D'autres propositions ont été faites dernièrement concernant la volonté de s'éloigner de la notion de valeurs locatives, c'est-à-dire de valeurs administrées pour aller vers une valeur de marché que constituerait la valeur vénale. D'autres travaux dans d'autres enceintes se déroulent sur ce thème. C'est un sujet qui est là sur la table.

Nous continuons à travailler aussi en matière de taxe professionnelle pour citer un deuxième exemple. J'ai été intéressé tout à l'heure de voir qu'il nous était proposé de retenir dans l'assiette de la taxe professionnelle, et pourquoi pas, les immobilisations incorporelles et financières. Je ne serais pas provocateur mais il y avait un parti majoritaire il y a quelques temps – minoritaire dans la majorité – qui nous avait demandé en 2000 de conduire des travaux pour mesurer ce qu'il en serait de l'imposition des immobilisations incorporelles et financières. C'est un élément. Il fait partie du paysage. Je ne suis pas sûr que ce soit une bonne réponse. Nous connaissons aujourd'hui la mobilité de l'ensemble de ces éléments d'un pays à un autre et en termes de localisation, cela risque d'être cocasse. Mais il n'empêche qu'il y a des voies ; il n'y a pas de fatalité à la situation actuelle. Nous continuons à travailler. Le Président de la République nous annonçait un très beau chantier dont les perspectives ont été commentées tout à l'heure ; en voilà pour quelques mois sans doute là encore de recherches.

3) Et puis enfin, troisième piste, c'est celle, non pas de la refonte d'ensemble, mais celle de l'adoption de mesures d'ajustement. Et là, au cours de ces dernières années, nous en avons connu. Je reviendrais sur l'évolution de la fixation des taux, notamment au bénéfice des établissements publics et de coopération intercommunale, qui leur a permis notamment de suivre la sortie de la suppression définitive de la part salaire, dans des marges supplémentaires d'évolution de taux.

Nous avons également des évolutions d'assiettes. Prenez la réforme de la taxe professionnelle au regard de France Telecom. Voilà un opérateur qui depuis 1990 est dans le champ concurrentiel et qui bénéficiait de règles spécifiques d'impositions locales. Aujourd'hui, certes j'ai cru comprendre qu'il y avait une petite difficulté en termes budgétaires. Je ne reviendrais pas sur la totalité de la réforme mais il y a quelques difficultés. Mais au regard du droit fiscal, on a tout de même bien offert de la base supplémentaire, et donc de l'imposition supplémentaire, aux élus locaux.

On peut continuer à avoir cette perspective plus modeste qui n'est pas inspirée par un souci de refonte totale mais qui est de considérer quels sont les éléments sur lesquels on peut « jouer ». On a vu que la cotisation minimale en matière de taxe professionnelle peut avoir un rôle plus important qu'aujourd'hui et peut conduire à diminuer la pression fiscale sur les investissements. Bref, il y a des pistes. Je ne voudrais pas vous délivrer un message pessimiste sur l'avenir de la fiscalité locale ; elle est là. Elle est incontournable. L'Etat occupe la place qui est la sienne et sans doute, a-t-il le souci, lui, de n'occuper sûrement pas dans les années à venir une place plus importante.

Des impôts locaux, pour quoi faire ?

Philippe Laurent,
Maire de Sceaux, Président de Philippe Laurent Consultants

Je voudrais également intervenir au nom du Président que je suis de la Commission des finances de l'Association des Maires de France et qui a eu à s'émouvoir, de façon assez précise et assez forte, des annonces du Président de la République dont nous avons parlé abondamment tout à l'heure.

Je ne voudrais pas revenir sur tout ce qui a été dit parce que beaucoup de choses ont été dites et je crois que toutes les questions qui ont été posées ce matin dressent un cadre assez exact de la situation dans laquelle nous sommes.

Simplement, quelques remarques :

Premièrement, les impôts locaux, pour quoi faire ? Bien entendu, c'est pour financer la fourniture d'un certain nombre de services publics et également pour financer la réalisation d'infrastructures. N'oublions pas que 75% des infrastructures civiles du pays sont réalisées par les collectivités territoriales et lorsque l'on voit, malgré tout ce qui a pu être fait depuis une cinquantaine d'années et même avant, lorsque l'on voit les besoins qui existent en matière d'infrastructures, que ce soit dans le domaine du transport, dans le domaine de la rénovation de nos réseaux d'assainissement, dans le domaine de l'environnement en général, lorsque l'on voit tous ces besoins, on se dit que même si on peut avancer sur la voie d'un partenariat avec les financements privés – à titre personnel, je n'y crois pas trop pour les collectivités territoriales en tout cas parce qu'il y a trop de dissymétries entre les grands groupes et les collectivités territoriales qui seront amenées à contracter – on se dit que de toute façon le financement public restera encore très largement majoritaire dans ces infrastructures. Par conséquent, tout ceci nécessite des moyens tout à fait importants.

Mais, je voudrais revenir simplement sur l'idée qu'il ne faut pas tout à fait globaliser la fiscalité locale entre ce qui ressort de la commune et de leur prolongement naturel que sont les communautés d'une part, et ce qui ressort de la région et du département ; ce n'est pas tout à fait la même chose.

Au niveau des communes, elles offrent, organisent, proposent des services publics quotidiens dont on voit assez mal aujourd'hui comment on pourrait se passer. J'entends bien qu'il faut toujours rationaliser, qu'il faut essayer de faire aussi bien avec moins de moyens mais nous avons et nous subissons dans nos communes des pressions à la hausse qui sont extrêmement fortes. J'en citerais simplement quelques-unes : la pression des normes qui nous sont imposées par l'Etat et souvent d'ailleurs par Bruxelles. Pour ma part, je suis très européen ; je ne suis donc pas suspect d'être un adversaire de la construction européenne mais il faut bien dire que ces normes sont extrêmement importantes et contraignantes. Elles sont certainement souvent justifiées mais encore faut-il qu'à ce moment-là quelqu'un en paye le prix. Ce quelqu'un, c'est forcément quelque part le contribuable.

De même, il y a une exigence de plus en plus forte de nos concitoyens, à la fois sur la quantité mais aussi sur la qualité des services publics. Chacun d'entre vous, lorsque vous vous posez la question en tant que citoyen, vous ne supportez plus d'avoir des rues sales, vous ne supportez plus qu'on vous dise qu'il n'y a plus de place à la crèche, vous ne supportez plus qu'à la cantine dans les écoles il n'y ait pas de la viande tous les trois jours, qu'il n'y ait pas de produits bio. Pour ma part, je viens de repasser un marché de restauration scolaire : le surcoût, c'est un point d'impôt parce qu'il y a une exigence forte à laquelle on a beaucoup de mal à résister et qui est de fournir des produits de meilleure qualité.

Bref, nous avons une exigence de notre population qui est extrêmement forte.

Pour ce qui me concerne, je trouve que ce n'est pas forcément négatif. Mais je pense aussi qu'il faut que nous tenions un discours de responsabilité vis-à-vis de nos concitoyens et leur dire « c'est très bien. Nous allons améliorer la qualité parce que nous sommes capables d'améliorer la qualité du service public, mais il va falloir payer ». Lorsque j'entends le discours sur les prélèvements obligatoires dans notre pays, je me dis qu'il y a quand même quelque chose d'anormal. En effet, le calcul des prélèvements obligatoires, nous pouvons y revenir mais il n'est pas forcément identique dans tous les pays d'Europe et ce n'est pas forcément comparable notamment en matière de prélèvements sociaux. Mais il faut savoir qu'en France, nous avons un niveau de prélèvements obligatoires importants mais nous avons aussi, et notamment au niveau local, un niveau de services publics qui est extrêmement élevé. Et cela, il faut le rappeler, c'est important.

Mais, il y a d'autres choses. Et là, je vais simplement vous donner un exemple qui est assez cocasse : nous avons annoncé que nous allions, par solidarité pour les personnes âgées, rajouter une journée de travail en supprimant pour les collectivités territoriales, c'est à dire pour le secteur public, le lundi de Pentecôte et que bien entendu, comme les gens travailleraient davantage, nous allions majorer de 0,3% les prélèvements sociaux sur les traitements des fonctionnaires territoriaux. Dans ma commune, le fait de travailler le lundi de Pentecôte, ça n'a strictement aucune importance ; ça ne produit aucune production supplémentaire. Si l'état civil est fermé le lundi de Pentecôte, les gens n'iront pas faire leurs démarches le lundi de Pentecôte et ça ne pose aucun problème. Nous ne sommes pas dans l'industrie qui produit une journée de plus ou 8 heures de production de plus. Or les 0,3%, on va bien les payer. Et cela, ça va forcément se retrouver dans le budget des collectivités territoriales et aujourd'hui ou demain, sur le contribuable.

Il y a toutes ces mesures qui sont prises et qui poussent à la hausse, de manière souvent insidieuse, le coût du service public que nous rendons.

Dernier point, c'est la fonction publique territoriale. Nous avons une fonction publique territoriale qui a fait d'énormes efforts de qualité depuis 20 ans. Pour ma part, je suis observateur de ces questions, un peu acteur aussi, et je peux vous assurer que la fonction publique territoriale a atteint aujourd'hui un niveau qui est extrêmement élevé et je pense même que beaucoup de cadres de la fonction publique territoriale, pour rien au monde, n'iraient travailler dans l'administration d'Etat. Je peux vous assurer qu'il y a un engagement très fort des cadres de la fonction publique territoriale. Pourquoi ? Parce que les carrières ont été revalorisées et parce que travailler dans une collectivité territoriale, c'est quelque chose de passionnant.

Il y a l'attachement au service public mais il y a aussi une richesse du métier, une profusion de métiers qui est tout à fait passionnante avec, à la fois, des questions à régler qui sont des questions quotidiennes mais aussi des questions de stratégie, de développement, de stratégie d'urbanisme, etc. Mais, il a fallu là aussi payer davantage et ceci a constitué évidemment des surcoûts importants.

Ce qui est contradictoire, c'est que tous ces surcoûts, en réalité, n'ont pas conduit à ce que les collectivités locales françaises soient dans une situation difficile sur le plan financier, c'est vrai. Aujourd'hui, il faut le dire, les collectivités territoriales françaises sont dans une bonne situation financière globalement. Mais savez-vous pourquoi elles sont dans une bonne situation ? Trois raisons :

Première raison, c'est une baisse très importante des frais financiers. Cela a permis la moitié de l'amélioration de l'autofinancement en 20 ans et c'est lié à la baisse des taux d'intérêts et donc des frais financiers qui en a résulté. Ce qui d'ailleurs a permis également que se poursuivent les efforts d'investissement sans que l'empreint augmente de manière inconsidérée.

La deuxième raison, c'est l'augmentation des bases fiscales. Et cette augmentation des bases fiscales, elle ne vient pas tant du foncier ou de la taxe d'habitation qui sont des impôts de stock comme cela a été rappelé tout à l'heure, mais elle est venue essentiellement de la taxe professionnelle. Et ce pour une raison essentielle, c'est que le calcul de la taxe professionnelle n'inclut pas les amortissements et que par conséquent, il y a un effet cumulatif permanent puisque l'on prend toujours le coût de l'immobilisation au départ. Il y a un effet cumulatif permanent qui fait que, en tout cas ces cinq ou six dernières années, les bases de taxe professionnelle, même après la suppression de la part salaire, ont continué de progresser de l'ordre 4% ou 4,5% par an de manière globale. Et, ce dynamisme des bases de la taxe professionnelle, qui est évidemment positif pour les collectivités locales - il l'est moins pour les entreprises – explique aussi la bonne santé financière des collectivités territoriales aujourd'hui.

La troisième raison, c'est parce que l'autonomie fiscale des collectivités locales, même si elle a été reniée ces derniers temps, reste encore importante dans notre pays.

Je voudrais attirer votre attention sur un point qui me paraît important, c'est cette confusion qui est souvent faite entre l'autonomie financière et l'autonomie fiscale. Aujourd'hui, on parle souvent d'autonomie financière et quand la loi constitutionnelle a été discutée, et quand le projet de loi organique est évoqué, on parle d'autonomie financière. Mais l'autonomie financière, ce n'est pas l'autonomie fiscale. L'autonomie financière est comprise par beaucoup d'acteurs politiques, y compris d'ailleurs par certains ministres, comme la capacité de dépenser à peu près ce que l'on veut avec des ressources qui sont attribuées. Lorsque Dominique Strauss-Khan a fait passer sa loi, dans la loi de finances de 1999, sur la suppression progressive de la part salaire, j'ai été un de ceux qui à l'époque avait réagi assez violemment, comme je l'ai fait quelques années après avec la déclaration du Président de la République. Pour lui, l'autonomie des collectivités locales, c'était l'autonomie de la dépense mais pas de la recette. Il fallait au contraire contenir la dépense des collectivités en contenant leurs recettes et en les obligeant à ne pas dépenser plus. Mais à l'intérieur de cette enveloppe-là, elles faisaient ce qu'elles voulaient ; si l'on peut dire parce que bien entendu on est soumis à toutes les séries de contraintes, de continuité de service public, etc.

La conception était celle-ci. C'est une conception qui est tout à fait différente de l'autonomie fiscale qui consiste à dire : j'ai le choix localement, dans ma collectivité et par mon assemblée élue, de développer des services publics, de choisir ma tarification et d'ajuster mes recettes fiscales en conséquence. Après, c'est à moi d'expliquer à ma population quelle est ma politique en la matière.

Ceci est très important c'est une question essentielle. On vous parle de ressources propres, on dit que les ressources propres doivent représenter une part déterminante des recettes. Bien entendu aujourd'hui, dans l'esprit de certains décideurs et dans l'esprit de certains ministres, il est clair que la TIPP des départements dont le taux n'est absolument pas modulable – pour les régions, nous n'en sommes pas certains mais pour les départements, nous en sommes certains – parce qu'il s'agit de ressources qui sont liées à l'activité économique, même si l'assemblée ne peut modifier ni l'assiette ni le taux, pour certains ceci figure dans les ressources propres. Et, lorsque l'on aborde le débat, qu'est-ce que l'on met dans les ressources propres ? Là, il y a une espèce d'hésitation qui n'est pas bien précisée.

Pour notre part, en ce qui concerne l'Association des Maires de France, la position a été très claire. D'ailleurs, l'Association des Maires de France a été rejointe par sept autres associations d'élus et, de ce point de vue, la position est unanime : une ressource propre, pour nous, c'est une ressource dont l'assemblée locale peut modifier soit le taux, soit l'assiette, soit les deux et c'est encore mieux. Et même s'il y a des limites car on comprend bien qu'il puisse y avoir des limites. Mais c'est cela la vraie définition.

Là dessus, je vous promets un débat qui ne sera pas du tout négligeable sur cette question-là lorsque le moment venu, ce projet de loi organique sur l'autonomie financière viendra à l'ordre du jour du Parlement.

Cette question de l'autonomie fiscale et de l'autonomie financière est très importante parce que nous avons à côté de chez nous un exemple qu'il ne faut surtout pas suivre, c'est l'exemple allemand. Tout le monde considère aujourd'hui que l'Allemagne étant un pays fédéral, la décentralisation y a été poussée à l'extrême et que tout cela « baigne » dans la plus grande autonomie pour ce qui concerne les différents niveaux. Ce n'est pas vrai ! Aujourd'hui, les communes allemandes sont dans une situation catastrophique. J'ai été récemment, au début du mois de janvier, du côté du Stuttgart où j'ai rencontré, avec quelques autres représentants français, quelques acteurs tels que des directeurs financiers de communes, et on nous disait clairement que cette situation allemande était catastrophique pour les communes, que certaines piscines fermaient un jour sur deux ou une semaine sur deux, que des centres culturels étaient également fermés parce qu'il n'y a pas d'argent dans les communes. Il n'y a pas d'argent dans les communes parce que la taxe professionnelle allemande a été rognée jusqu'à n'être assise que sur des bénéfices, d'où le problème de la volatilité de la base imposable. Comme les entreprises allemandes ne marchent pas très bien, les bénéfices plongent aussi et l'impôt perçu par les communes baisse. Les autres ressources des collectivités locales des communes allemandes, ce sont des partages d'impôts d'Etat dont la décision est prise, non pas par la commune bien sûr, non pas par l'Etat fédéral mais essentiellement par la réunion des patrons des Länder qui sont en fait les véritables patrons en matière de finances locales en Allemagne.

C'est la raison pour laquelle ces questions d'impôts d'Etat partagés ne nous paraît pas une solution vraiment acceptable, en tout cas dans l'état actuel des choses.

Cela nous paraît d'autant moins une solution acceptable que pour le dire clairement, les collectivités locales et les élus locaux n'ont pas vraiment confiances en l'Etat. On nous a donné tellement d'occasions de ne pas avoir cette confiance : de rogner par-ci par-là, de transférer des charges, de faire une surcompensation sur la CNRACL, d'ajouter encore ces 0,3% avec ce « foutu » lundi de Pentecôte, que véritablement, cette confiance n'existe pas. Et que par conséquent, tout partage d'impôts d'Etat serait considéré probablement avec méfiance par les élus locaux.

Nous avons un véritable problème de ce point de vue-là et je crois que la situation telle qu'elle se présente est extrêmement dangereuse pour les collectivités locales. Pour ma part, de part les contraintes européennes d'une part et la pression à la base du citoyen qui veut cette espèce d'égalité un peu partout d'autre part, je suis relativement pessimiste sur l'évolution de l'autonomie fiscale. A moins qu'il y ait une très forte volonté politique, que pour ma part je ne sens pas aujourd'hui au niveau national, d'affirmer la nécessité pour la qualité du service public de l'autonomie fiscale.

Impôts locaux et dépenses fiscales locales

Gilbert Orsoni
Professeur à l'université de droit, d'économie et des sciences d'Aix-Marseille

L'intitulé de notre propos mérite que l'on s'y attarde quelques instants

La notion de dépenses fiscales dont on sait qu'elle a été dégagée par Stanley Surrey dès 1967, a été reformulée en 1973 « programme gouvernemental d'aide financière offert par des dispositions fiscales plutôt que par des dépenses publiques directes ».

Notion reprise par le Conseil des impôts en 1979 : « symétrique de l'expression *dépenses budgétaires* et négatif de l'expression *recettes fiscales* ».

Et l'on se permettra ici de rappeler ce que nous écrivions, les concernant, en 1995 (G. Orsoni, *L'interventionnisme fiscal*, P.U.F., pp. 15-16) : « la démarche d'identification de la dépense fiscale pose inéluctablement…le problème de la détermination d'une norme de référence la question soulevée pouvant être en l'occurrence étendue à toute disposition d'interventionnisme fiscal, l'interventionnisme fiscal conduisant, par essence, à l'adoption de mesures particulières, mais, une fois de plus, par rapport à quelle généralité ? »

Autrement dit, la difficulté sera de savoir, dès lors qu'est examinée une mesure fiscale, où se situe la frontière entre la *situation normale* ...et la disposition dérogatoire »[1].

D'où la réserve du Conseil des impôts (rapport 2003) préférant utiliser l'expression de mesures fiscales dérogatoires mais dérogatoires par rapport à quoi ? A une norme ? A la législation existante ? Si c'est à la législation existante, ou la norme, la mesure intègre le droit commun et n'est plus considérée comme telle (ex. le quotient familial, ou les amortissements dégressifs, ou encore des taux préférentiels de T.V.A.).

Ce qui est méconnaître le symétrique, lequel fondait la notion, mesures fiscales portant avantage/dépenses budgétaires (voir en ce sens la définition à laquelle, dans sa thèse récente, parvient Luc Godbout)[2].

---

[1] Ainsi le fascicule « Voies et moyens » a proposé quatre critères devant aider à l'appréciation d'une mesure et permettant de dégager ce qui relèverait de la norme :
- l'ancienneté. Non seulement, selon l'adage connu, le bon impôt serait le vieil impôt, mais l'ancienneté conduirait à l'incorporation à l'ordre juridique et donc à la transformation en norme ;
- la généralité (ou non) de la mesure. Celle concernant la généralité des contribuables serait la norme ; celle n'en concernant que quelques-uns ne saurait y prétendre ;
-l'appréciation de la doctrine ;
- l'objectif de la mesure. Toute disposition favorable dont l'objet est d'inciter les contribuables à l'adoption d'un comportement déterminé ne pourrait être qu'une dépense fiscale puisque dérogeant à la structure fiscale existante.

[2] Les dépenses fiscales. Thèse Aix-en-Provence, janvier 2004, p. 606 : »Afin de conduire à une présentation symétrique des interventions gouvernementales dans le budget de l'Etat, les dépenses fiscales constituent un sous-ensemble de mesures fiscales préférentielles offertes par l'administration publique, pouvant être assimilées à des dépenses budgétaires en considérant que le manque à gagner, en termes de recettes fiscales, représente pour le trésor public l'équivalent de sommes engagées par l'intervention gouvernementale, lorsque celles-ci peuvent être

Considérées comme élément d'interventionnisme fiscal[3] (celui-ci pouvant revêtir d'autres formes telles des taxes pénalisant des comportements ou des situations que l'on veut combattre, à l'exemple de la taxe sur les bureaux en Ile-de-France, mais la dépense fiscale reste l'instrument privilégié de l'interventionnisme fiscal, la pénalisation, particulièrement au niveau local, ne pouvant être que l'exception) et s'appuyant sur cette assimilation diminution de recettes fiscales/dépenses budgétaires, les dépenses fiscales seront envisagées ici au sens large, entendues comme toutes les mesures fiscales portant diminution ou suppression d'impôt dans une finalité de politique publique que celle-ci soit de nature économique (hypothèse dominante) mais aussi sociale, culturelle, environnementale.

Quant à la dimension locale, force est de reconnaître qu'elle est grandement négligée. Les études comparatistes (Etats-Unis, Canada) montrent que la seule dépense fiscale retenue concerne les mesures étatiques au sens de l'Etat central ou fédéral et même, parmi celles-ci, pour l'essentiel, les mesures relatives aux impôts directs. Les dépenses fiscales locales n'y apparaissent donc pas ou, quand c'est le cas, (France) de manière particulièrement marginale.

---

remplacées par des programmes de dépenses directes, d'une manière aussi efficace, tant pour le bénéficiaire que pour l'Etat, et tout en respectant les objectifs de politique ».

[3] Il n'est pas lieu ici de développer la question de l'interventionnisme économique des collectivités locales, lequel a donné lieu à une abondante littérature : Falzon (M), *Les interventions économiques des collectivités locales*, coll. Politiques locale, C.L.F.-L.G.D.J., 1996,. Caudal (S) et. Sestier (J.F) (dir.) *Les collectivités locales et l'entreprise*, coll. Décentralisation et développement local, L.G.D.J., 2002.

Or ces mesures existent bien, parfois depuis longtemps déjà. Nonobstant l'interrogation difficilement contournable relative, pour nombre d'entre elles, à la teneur de leur dimension locale.

A cet égard seront retenues ici les dispositions adoptées au sein de la fiscalité locale, à l'exclusion (mais il faut conserver ces mesures à l'esprit tant elles sont complémentaires des dépenses fiscales locales) de dispositions territoriales d'impôts d'Etat, dès lors que sur une ou plusieurs parties du territoire national, métropolitain ou ultra-marin, des allégements d'impôts d'Etat s'appliquent à des fins économiques et/ou sociales.

Reste qu'est bien posée ici une question essentielle (par delà naturellement cette autre question récurrente, et pour laquelle les réponses données paraîtront toujours insuffisantes, de l'efficacité des mesures adoptées) de savoir dans quelle mesure les dépenses fiscales locales constituent l'expression d'une politique publique locale ou ne relèvent au contraire que de politiques décidées à l'échelon étatique au travers desquelles ne peut guère s'exprimer une authentique autonomie décisionnelle de la collectivité.

C'est qu'en effet les dépenses fiscales locales peuvent, pour le moins, apparaître comme encadrées par l'Etat (Ière Partie). Ce constat conduisant à s'interroger sur les possibilités de desserrement de la contrainte étatique ou sur leur caractère purement hypothétique (2ème Partie).

I) Des dépenses fiscales encadrées

A) Une tradition d'interventionnisme fiscal local par la dépense fiscale

1) Dès les premières années de mise en place de politiques d'aménagement du territoire[4], la patente fut considérée comme procédé privilégié permettant de le promouvoir, encore que, s'agissant d'un impôt local, fallait-il que communes et départements concernés acceptent de s'inscrire dans cette volonté exprimée à l'échelon gouvernemental[5]. Il est vrai qu'ils y avaient logiquement intérêt et que ces mesures furent largement utilisées, ce qui, dès lors, en limitait la portée car, si toutes les collectivités proposaient le même avantage fiscal, celui-ci ne pouvait plus devenir ou rester élément d'incitation. C'était plutôt l'absence d'incitation qui devenait pénalisante pour la collectivité.

Si ces mesures, qui ont au moins le mérite de conférer une marge d'initiative à la collectivité, subsistent dans le C.G.I. (art. 1465)[6] et s'appliquent également (art. 1465B C.G.I.) aux opérations réalisées depuis le 1er janvier 1995, éligibles à la prime d'aménagement du territoire pour les seules activités tertiaires et en application de la loi du 4 février 1995 (art. 1465A C.G.I.) dans les parties délimitées zones urbaines sensibles (Z.U.S.) à certaines conditions moins de 150 salariés, d'autres mesures, dont beaucoup résultant de

---

[4] On pourrait évidemment remonter beaucoup plus loin dans le temps.. Gaudemet (P.M) (*Un mode d'intervention économique, les dépenses fiscales,* Mélanges Péquignot, CERAM, 1984, T1, p. 332) rappelait que sous la Révolution « la patente était réduite de moitié pour les boulangers dont on voulait développer l'activité et doublée pour les marchands de vin ».

[5] Sur le détail et l'évolution de ces dispositions, cf. Orsoni (G), *L'interventionnisme fiscal,* coll. Fiscalité, P.U.F., 1995, pp. 103-105.

[6] Art. 1465 C.G.I. :

dispositions récentes, marquent que la « dépense fiscale locale » n'est que l'application à l'échelon local de dispositions adoptées au niveau étatique, dans la perspective de la conduite d'une politique économique globale.

2) Autres dispositions, déjà relativement anciennes accordant quelques prérogatives à la collectivité locale, les abattements facultatifs en matière de taxe d'habitation (art. 1411 C.G.I.) :

- majoration de 5 ou 10 points des abattements obligatoires pour charges de famille (10 puis 15%) ;
- abattement facultatif à la base de 5, 10 ou 15% de la valeur locative moyenne des habitations de la commune ;
- abattement de 5, 10 ou 15% pour des contribuables aux revenus modestes dès lors que l'habitation principale a une valeur locative inférieure à 130% de la moyenne communale. Ces pourcentages étant augmentés de 10 points par personne à charge.

B) Reflet (de plus en plus) d'une politique étatique.

Comme le remarquait à juste titre Robert Hertzog[7] non seulement « la fiscalité locale est un produit du législateur national…derrière lequel se profile le Ministère de l'économie et des finances »[8] mais les débats essentiels ne font aucunement apparaître l'impôt « comme instrument des politiques territoriales à la disposition des autorités locales »[9] tandis qu'à l'inverse beaucoup d'exonérations temporaires ou

---

[7] Hertzog (R), *La faiblesse de l'interventionnisme fiscal des collectivités locales, in* Caudal (S)et Sestier (J-F), *Les collectivités locales et l'entreprise,* op. cit., p. 140
[8] Idem. p. 141.
[9] Ibid.

d'abattements illustreront l'utilisation, par l'Etat, de l'instrument fiscal local, sans marge de manœuvre, ou avec une marge très faible, des collectivités à des fins de politique économique, sociale, culturelle, environnementale, décidées à l'échelon central.

Sans se livrer à une recension exhaustive des dispositions sur lesquelles les collectivités ne disposent d'aucune capacité décisionnelle, on évoquera :

1) En matière d'interventionnisme économique :

- les exonérations de deux ans de taxe foncière sur les propriétés bâties pour les constructions nouvelles ou les créations d'entreprises ou reprises d'entreprises en difficulté (art. 1383 et 1383A C.G.I.) ;

- les exonérations de taxe professionnelle en Corse (L. 94-1131 du 27 décembre 1994) depuis 1995 pour la part perçue au profit des départements et de la collectivité de Corse (avec également un abattement de 25% au profit des communes) ;

- toujours en matière de taxe professionnelle, les exonérations temporaires (5 ans), de principe, sauf délibération contraire de la collectivité locale : on note à quel point il est remarquable que ce soit l'Etat qui décide la dépense fiscale et que la seule marge laissée à la collectivité soit de refuser celle-ci, c'est-à-dire de se mettre en porte-à-faux de la politique voulue par l'Etat, au risque de l'impopularité et de voir les entreprises dont elle a besoin se détourner d'elle.

Ces exonérations concernent :
- les zones de revitalisation rurale (Z.R.R.), art. 1465A C.G.I. ;
- les zones de redynamisation urbaine (Z.R.U.), art. 1466A C.G.I. ;

- les zones franches urbaines (Z.F.U.), art 1466A quater C.G.I. ;
- les créations ou extensions d'établissements intervenues en Corse, art. 1466B C.G.I..

Il s'agit bien de mesures de l'Etat en application d'une politique voulue par lui au regard d'objectifs économiques et sociaux très clairement exprimés, la meilleure en étant, au moins pour les Z.F.U., que les instruments fiscaux locaux ne sont qu'un élément d'un ensemble plus vaste incluant exonérations d'impôts sur le revenu, ou d'impôts sur les sociétés et de droits de mutation ou encore exonérations de charges patronales.

Dans le même sens, la taxe professionnelle n'est pas due lors de l'année de création de l'entreprise (art. 1478 C.G.I.). Des exonérations ayant en outre été accordées pour deux ans au-delà de l'année de création (du 1er janvier 1995 au 31 décembre 2004) dans les zones éligibles à la prime d'aménagement du territoire, dans les territoires ruraux de développement prioritaire et dans les Z.R.U. (il y a, comme pour les entreprises visées à l'article 1464A C.G.I., décision de l'assemblée délibérante de la collectivité).

2) En matière d'interventionnisme à finalité sociale.

On peut évoquer à ce titre les exonérations de taxe foncière sur les propriétés bâties.

Permanentes :
- pour les titulaires de l'allocation supplémentaire des articles 815-2 ou 815-3 du code de la sécurité sociale ;
- pour les redevables de plus de 75 ans aux faibles revenus.

Temporaires :
Quinze ans pour les habitations à loyer modéré (art. 1384 C.G.I.), quinze ans également pour les constructions neuves affectées à l'habitation principale financées à plus de 50% par des prêts aidés par l'Etat, durée portée à vingt ans pour des constructions à compter du 1er janvier 2002 dès lors que quatre des cinq critères environnementaux suivants sont satisfaits :
- assistance technique par un professionnel compétent en matière d'environnement ;
- gestion des déchets du chantier ;
- performance énergétique et acoustique ;
- utilisation d'énergies et de matériaux renouvelables ;
- maîtrise des fluides.

On retrouve le délai de quinze ans (art. 1384 D) pour, à compter du 1er janvier 2000, les locaux acquis ou aménagés avec une aide de l'Etat à la création d'établissements d'urgence destinés aux personnes défavorisées.

On peut citer également les abattements, exonérations ou dégrèvements de taxe d'habitation. :
- l'abattement de droit commun qui s'impose donc aux collectivités locales de 10% pour les deux premières puis 15% pour les autres personnes à charge ;
- l'exonération des titulaires de l'allocation supplémentaire des articles 815-2 ou 815-3 déjà mentionnés ;
- les contribuables de plus de soixante ans ou veufs(ves) quels que soit leur âge n'ayant pas acquitté l'impôt sur le revenu. l'année précédente ;
- les titulaires du RMI y compris l'année de sortie du revenu minimum.

L'addition de ces exonérations ou dégrèvements législatifs conduisant même le sénateur Yves Fréville, dans un rapport récent,[10] à oser l'interrogation qui en constitue d'ailleurs l'intitulé « la taxe d'habitation est-elle encore un impôt local ? ». La réponse, largement négative, de l'honorable parlementaire figurant fortement dans la question : ainsi, pour les « 24,35 millions de résidences principales : 21,5% des redevables ne paient aucune taxe d'habitation, soit parce qu'ils en sont exonérés, soit parce qu'ils bénéficient d'un dégrèvement total. 29,1% des redevables bénéficient d'un dégrèvement législatif partiel. Seuls 49,5% des redevables paient donc la taxe d'habitation à taux plein »[11]

3) En matière d'interventionnisme à finalité ruralo-environnementale.

On peut citer notamment les exonérations temporaires de la taxe foncière sur les propriétés non bâties.

Exonérations le plus souvent de droit :
- trente ans pour les terrains plantés ou replantés en bois ;
- quinze ans pour les terres incultes, vagues ou en friches ;

Sur délibération des collectivités locales :
- quinze ans pour les terrains plantés en arbres truffiers ;
- huit ans pour les noyers.

Politique, il faut le dire, longtemps marquée du sceau de l'incohérence. L'une des causes principales des dysfonctions apparaissent dans les effets d'un premier interventionnisme fiscal relatif à l'agriculture, notamment intensive, lequel s'avérait en contradiction avec certaines exigences élémentaires en matière de protection de l'environnement.

---

[10] Fréville (Y), Rapport Sénat, n° 71, 2003-2004
[11] Idem. p.34

Ainsi, pour ne fournir que quelques illustrations, les marais se sont trouvés fortement assujettis, au regard de leur productivité économique. La taxe foncière sur le non bâti, calculée forfaitairement, n'était pas en rapport avec les revenus réels, d'où l'incitation à l'assèchement et la mise en exploitation, d'autant que, jusqu'en 1992, l'assèchement valait exonération pour vingt ans de la taxe foncière sur les propriétés non bâties. Or le marais représente un milieu naturel très riche, remarquable complexe biologique producteur de biomasse et indispensable à l'équilibre écologique de régions entières.

A ce contresens en matière d'environnement s'ajoutent l'absurde de la réglementation. L'avantage fiscal résultait, on l'a vu, de la mise en exploitation du marais. La mise en friche ultérieure pouvant, à son tour, bénéficier d'une subvention, il y aura donc eu double dépense (dépense fiscale, puis subvention) pour deux opérations qui s'annulent, sauf que l'on ne retrouve pas l'état naturel initial une fois l'assèchement intervenu.

Nombreuses furent les autres contradictions : préconisation des cultures extensives, mais l'agriculture intensive ayant été longtemps encouragée, la T.V.A. à taux réduit s'applique pour les engrais ; prime pour le gel des terres quand les exonérations de taxe foncière sur les propriétés non bâties. visent à favoriser les mises en culture.

Plus fondamentalement, la nature même du foncier non bâti pénalise les terres non cultivées donc non rentables. Dès lors en effet que le taux de rendement d'un capital est quasi nul, toute imposition, fut-elle à taux faible, devient « confiscatoire »[12]

[12] Sainteny (G), *Le Monde,* 9 juin 1992.

II) Un hypothétique desserrement des contraintes

A) Les bases légales de la dépense fiscale

Deux éléments forts ont limité le recours aux dépenses fiscales locales. On ne retiendra pas en effet l'argument selon lequel l'Etat reste l'inspirateur et le maître d'ouvrage de la politique économique. Si le fait est incontestable, on sait qu'il n'a pas empêché, et depuis longtemps, que s'expriment diverses formes d'interventionnisme des collectivités locales ; il faut donc rechercher ce qui a fait que, parallèlement, il y ait eu modestie de l'interventionnisme fiscal dans une dimension véritablement locale.

- Le premier, et il devrait être durable, est de nature constitutionnelle.

La seule législation fiscale est nationale. Rappelons l'article 34 de la Constitution :

«La loi fixe les règles concernant l'assiette, le taux et les modalités de recouvrement des impositions de toutes natures ».

Il en résulte l'impossibilité pour les collectivités locales de se fixer leurs propres règles fiscales.

Rien n'interdit naturellement à la loi, et plusieurs exemples en ont été donnés, dans un cadre déterminé par elle, de prévoir des « marges de manœuvre » conférant aux autorités locales, capacité à exonérer, dégrever, procéder à déductions et abattements. On ne saurait s'étonner cependant qu'un gouvernement, et à sa suite une majorité parlementaire, juge légitime puisqu'il en possède la maîtrise, d'utiliser l'impôt local à l'identique d'un autre impôt (cf. pour les Z.F.U., le recours en parallèle à l'impôt sur le revenu, l'impôt sur les sociétés, les droits de mutation et les impôts locaux) comme instrument de sa politique économique ou sociale.

- Le second est sans doute plus conjoncturel.
Il s'agit du phénomène de «nationalisation» qu'a connu la fiscalité locale principalement dans la précédente décennie. Sans y insister (nous nous permettons également de renvoyer à notre article *L'évolution des ressources fiscales locales* R.F.F.P. n°81, 2003, p. 159 et s.), il faut bien constater qu'à chaque fois qu'aux fins de soulager le contribuable local, l'Etat réduisait la part de l'impôt local pour le remplacer par une dotation de compensation (allégements divers de la T.P. jusqu'à la suppression de la part « salaires » dans l'assiette, suppression de la part régionale dans la T.H., quasi-suppression de la vignette[13]) c'étaient les potentialités, fussent-elles restées à l'état théorique, d'utiliser un jour l'impôt local dans un objectif économique ou social, qui se voyaient réduites.

B) Peuvent-elles laisser la place à de véritables politiques fiscales locales ?

Il a été constaté une réduction des marges de manoeuvre à disposition des collectivités locales en matière d'incitations fiscales.
Celles-ci ne sont toutefois pas absentes, que l'on se rappelle les exonérations temporaires de taxe professionnelle de l'article 1465 C.G.I. ou les abattements facultatifs de taxe d'habitation. Sans entrer dans le débat sur les conséquences de ces mesures : si l'on perçoit bien l'intérêt, pour la collectivité comme pour le contribuable, d'une exonération temporaire, on analyse souvent mal la portée effective de l'incitation tant d'autres facteurs peuvent concourir à la prise de décision.

---

[13] Or celle-ci avait donné lieu, dans le département de la Marne, à une initiative de baisse particulièrement marquée, dépense fiscale ayant eu un impact économique et financier manifeste puisqu'à la suite de ce « dumping fiscal » un grand nombre d'immatriculations s'était opéré dans ce département.

Quant aux abattements facultatifs de taxe d'habitation, ils peuvent représenter jusqu'à 40% pour beaucoup de communes et contribuer à une hausse des inégalités fiscales entre collectivités mais c'est une des problématiques essentielle de la dépense fiscale locale que ce risque d'accroissement d'inégalités déjà fortes. Ce qui explique peut-être aussi pour partie la tendance de l'Etat à l'automaticité, donc à l'uniformité de la mesure sur l'ensemble du territoire national, ou, s'il s'agit de compenser des inégalités préexistantes, de réserver, par la loi, à certaines catégories bien délimitées du territoire, le bénéfice de dispositions favorables.

Ces quelques possibilités trouvent cependant leurs limites. D'autant plus marquées que nos impôts directs locaux ne sont techniquement pas les plus adaptés à l'application de politiques fiscales incitatives. Robert Hertzog[14] soulignait notamment que « les rigidités juridiques de la fiscalité locale limitent considérablement les marges d'action des autorités locales », et de préciser que « l'émiettement du pouvoir fiscal local et la superposition de trois ou quatre niveaux rendent difficile un effort convergent sur les impôts locaux directs »[15]. Pour conclure enfin « l'instabilité des règles est une autre faiblesse. La relation insuffisante entre les impôts locaux et les grandeurs économiques réelles ne permet pas une action fine sur les assujettis ; la plupart des collectivités ont une capacité d'analyse trop faible pour concevoir une politique économique et fiscale pertinente ».

[14] Hertzog (R), *La faiblesse de l'interventionnisme fiscal des collectivités locales,* art. cit., p. 151
[15] Ibid.

A quoi l'on pourrait ajouter que les dépenses fiscales, particulièrement en matière économique, ont d'autant plus de chances de produire effet que le prélèvement concerné se révèle sensible à la conjoncture, ce qui est évidemment très peu le cas de la fiscalité directe locale.

C'est pourquoi toute perspective de relance ou de développement de la dépense fiscale locale, outre la « dénationalisation » de la fiscalité locale (c'est-à-dire la remise en cause du processus constaté ces dernières années) passe par une réforme en profondeur de celle-ci.
De même que la diminution des recettes d'origine fiscale dans les ressources des collectivités ne pouvait que mécaniquement amputer las capacités des autorités locales à conduire des politiques fiscales incitatives, l'on ne peut que présumer qu'une politique contraire renforcerait ces capacités. Il ne se peut manquer à cet égard d'interroger le terme de « part déterminante » des ressources résultant de la loi constitutionnelle du 28 mars 2003 manifestement en retrait sur la proposition Poncelet cosignée par d'éminentes personnalités sénatoriales[16] qui visait à faire de la fiscalité la ressource majoritaire de ces collectivités. Peuvent être encore davantage interrogées les préconisations récentes du président de la République relatives à la T.P. Sa disparition serait celle aussi des principales dépenses fiscales locales. Une compensation s'ajoutant aux précédentes aggraverait une situation dont précisément la révision constitutionnelle cherchait à s'extraire.

Seule une transformation de la fiscalité locale laquelle commencerait par créer un impôt de substitution à la taxe professionnelle. (l'on se gardera d'entrer dans le débat

---

[16] Dont MM. Raffarin et Fourcade. *Proposition de loi constitutionnelle sur la libre administration des collectivités locales et ses implications financières et fiscales*, Rapport P. Gélard, S., 18 octobre 2000, n° 33.

consistant à savoir lequel[17]) permettrait de redonner aux collectivités locales, dès lors que la loi ne serait pas trop directive à cet égard et laisserait l'initiative aux collectivités plutôt que d'instituer uniformément la dépense fiscale s'il doit y en avoir, une substantielle liberté d'intervention. Elle contribuerait aussi à garantir l'autonomie financière des collectivités dont on sait qu'elle ne se sépare pas du principe constitutionnel de libre administration des collectivités locales.

Ce ne sont là que perspectives. Naturellement incertaines. Qui, quelques soient les évolutions du proche avenir, ne répondent pas aux questions de la légitimité du recours à la dépense fiscale locale, en termes d'équité notamment, même encadrée par le législateur et plus encore peut-être de l'efficacité des mesures prises[18] encore bien moins mesurée[19]

---

[17] Sur la légitimité du maintien d'une fiscalité locale de l'entreprise, cf. Klopfer (M) *Faut-il maintenir la taxe professionnelle sur les entreprises ?* Le Monde, 23 avril 2004.

[18] A propos de laquelle on a pu écrire (Gaudemet (P-M), *Un mode d'intervention économique : les dépenses fiscales,* art. cit. p. 338) que « diriger l'économie suivant cette technique, c'est faire du dirigisme dans le brouillard ».

[19] Rappelons par ailleurs que le XXIème rapport du Conseil des impôts *La fiscalité locale dérogatoire*, septembre 2003, après avoir, de façon générale, souligné à la fois l'importance de l'enjeu budgétaire et l'insuffisante maîtrise du processus, puis relevé, une fois de plus son incertaine efficacité, avance quelques propositions : pour mieux connaître, mieux encadrer et limiter dans le temps le phénomène. L'échelon local, comme à l'habitude sur ce sujet, n'est guère traité. Sauf à proposer, comme pour la fiscalité sociale dérogatoire, une meilleure information. Recensement élargi des aides fiscales par objectif au titre notamment de l'annexe au projet de loi de finances initiale prévue à l'article 51-1 LOLF.

Pourraient également être pris en compte dans les évaluations *ex ante* (projets annuels de performance) et *ex post* (rapports annuels de performance) qui accompagneront les programmes budgétaires les effets, attendus puis constatés, de ces mesures.

(et mesurable ?) que s'agissant de la dépense fiscale étatique mais d'impact sans nul doute limité.

L'expérimentation fiscale locale

Sous la présidence de

Frédéric Valletoux
Rédacteur en chef de la Gazette des communes

Le quatrième alinéa de l'article 72 de la Constitution dans sa rédaction issue de la loi constitutionnelle relative à l'organisation décentralisée de la République, prévoit la possibilité pour les collectivités territoriales et leurs groupements, lorsque selon le cas la loi ou le règlement l'a prévu de déroger, à titre expérimental et pour une durée limitée, aux dispositions législatives ou réglementaires qui régissent l'exercice de leurs compétences. Cette disposition renvoie à la loi organique le soin de préciser les conditions de sa mise en œuvre.

Après la révision constitutionnelle de 2003 et l'adoption de deux lois organiques, sur le référendum local et l'expérimentation, une loi organique fixera les conditions d'application du principe d'autonomie financière des collectivités territoriales. Une loi de décentralisation précise par ailleurs de façon concrète les nouvelles responsabilités qui leur seront confiées.

Du point de vue des moyens financiers, le principe est que les collectivités territoriales bénéficieront de ressources équivalentes à celles qui étaient consacrées par l'Etat à l'exercice des compétences transmises. En outre, l'Etat transférera aux collectivités une partie de sa fiscalité.

D'ors et déjà la fiscalité locale n'est pas appliquée de façon uniforme sur l'ensemble du territoire. Des considérations économiques, sociales et liées souvent à l'aménagement de l'espace justifient des régimes dérogatoires, qui sont parfois de nature à générer une concurrence fiscale locale.
L'examen des exemples étrangers, concernant le degré d'autonomie fiscale des collectivités est de natures à enrichir notre réflexion.

L'évolution de la jurisprudence constitutionnelle

Loïc Philip
Professeur émérite à l'Université Paul Cézanne d'Aix-Marseille
Président de la Société française de finances publiques

La jurisprudence constitutionnelle relative aux collectivités territoriales a joué un rôle important dans l'évolution de la décentralisation fiscale. Non seulement elle a précisé la portée du principe de libre administration mais elle a aussi provoqué et inspiré la réforme constitutionnelle du 28 mars 2003, ainsi que la loi organique qui doit en assurer l'application.

Si on a pu constater ces dernières années un déclin de l'autonomie fiscale locale, l'objet même de la réforme constitutionnelle a été de porter un coup d'arrêt à cette évolution en consacrant l'existence d'un véritable pouvoir fiscal local.

Avant la révision constitutionnelle de 2003, la réforme de la décentralisation n'avait eu que peu d'effet sur le plan fiscal. L'ordonnance du 7 janvier 1959 et les lois des 31 décembre 1973 et 29 juillet 1975 relatives aux impôts locaux et la loi du 10 janvier 1980 sur la fixation des taux ne se sont pas traduites par la reconnaissance d'un pouvoir fiscal local de valeur constitutionnelle. Selon l'article 72 de la Constitution de 1958 les collectivités s'administrent librement par des conseils élus et dans les conditions prévues par la loi. Et, aux termes de son article 34, c'est la loi qui fixe le régime des impositions de toutes natures et qui détermine les principes fondamentaux de la libre administration des collectivités locales, de leurs compétences et de leurs ressources. Compte tenu de ces dispositions, le Conseil constitutionnel s'est toujours refusé à reconnaître l'existence d'un pouvoir fiscal autonome aux collectivités locales.

Toutefois, il estimait que le principe de libre administration entraînait certaines conséquences sur le plan fiscal. En particulier, il considérait que les règles posées par la loi sur le fondement des dispositions constitutionnelles ne sauraient avoir pour effet de restreindre les ressources fiscales des collectivités territoriales au point d'entraver leur libre administration.

C'est cette jurisprudence qui est à l'origine de la révision constitutionnelle de 2003 et qui, dans l'avenir, va conditionner l'application de la décentralisation fiscale.

I. La jurisprudence constitutionnelle avant la réforme constitutionnelle

Les décisions du Conseil constitutionnel concernant la fiscalité locale sont nombreuses. Elles portent sur presque tous les impôts locaux : la création et les modifications de la taxe professionnelle, les taxes foncières, la taxe d'habitation.

Les décisions les plus récentes ont concerné notamment la suppression de la part régionale de la taxe d'habitation, de la part salariale de la taxe professionnelle, de la vignette automobile. Cette jurisprudence fiscale repose essentiellement sur trois grands principes constitutionnels : la légalité fiscale, l'égalité devant l'impôt et le principe de libre administration ;

- La légalité fiscale signifie que le législateur est seul compétent pour créer un impôt, le supprimer, fixer son assiette, son taux et ses modalités de recouvrement. Si la loi de 1980 a autorisé les collectivités territoriales à fixer le taux des impôts locaux, c'est uniquement dans les conditions et les limites fixées par le législateur. Ainsi, le Conseil a considéré que : « s'il ne résulte pas de l'article 34 de la Constitution que la loi doive fixer elle-même le taux de chaque impôt, il appartient au législateur de déterminer les limites à l'intérieur desquelles un établissement à caractère administratif est habilité à arrêter le taux d'une imposition établie en vue de pourvoir à ses dépenses »[1]. De même, s'il appartient au législateur sur le fondement de l'article 34 de la Constitution de fixer les règles concernant les modalités de recouvrement des impositions de toutes natures, ce dernier peut confier à une collectivité locale la tâche d'assurer le recouvrement d'un impôt mais à condition d'en déterminer les règles avec une précision suffisante[2]. Ainsi l'exercice du pouvoir fiscal demeurait une prérogative quasi- exclusive du législateur.

- L'égalité fiscale découle de l'article 6 de la Déclaration de 1789 : « la loi doit être la même pour tous » et de son article 13 : « la contribution commune doit être également répartie entre tous les citoyens en raison de leurs facultés ». Ce principe s'applique non seulement aux individus mais aussi aux collectivités publiques.

Mais il est appliqué avec une certaine souplesse. L'égalité devant la loi fiscale ne fait pas obstacle à ce que le législateur édicte des mesures d'incitation à la création et au développement d'un secteur d'activité concourant à l'intérêt général. Surtout, il ne s'oppose ni à ce que le législateur règle de façon différente des situations différentes ni à ce qu'il déroge à l'égalité pour des raisons d'intérêt général, pourvu que, dans les deux cas, la différence de traitement qui en résulte soit en rapport avec l'objet de la loi qui l'établit[3]. Par ailleurs, il a jugé que la création d'un mécanisme de solidarité financière intercommunale, propre à la région Ile-de-France, n'était pas contraire au principe d'égalité[4].

---

[1] Décision 239 DC du 30 décembre 1987.

[2] Décision 405 DC du 29 décembre 1998, cons. 59.

[3] Décision 403 DC du 23 juillet 1998.

[4] Décision 291 DC du 6 mai 1991, cons. 24 à 26. Compte tenu de la distribution très inégale du potentiel fiscal des communes à population équivalente et des importants écarts dans les niveaux d'équipement et de services que les communes sont en mesure d'offrir à leurs habitants, le législateur peut instituer pour la région d'Ile-de-France, indépendamment de la création de la dotation de solidarité urbaine, un mécanisme

- Le principe de libre administration découlant de l'article 72 de la Constitution entraîne aussi un certain nombre de conséquences. Le législateur ne peut réduire ou supprimer une recette fiscale locale si cette mesure a pour effet d'entraver la libre administration de la collectivité en cause[5]. Mais cette formule, un peu trop générale, ne permet pas de savoir à partir de quel moment il y a effectivement entrave à la libre administration. Ainsi la disposition législative portant suppression de l'affectation au profit de la ville de Paris du prélèvement sur les sommes engagées au pari mutuel n'a pas été jugé contraire au principe de libre administration eu égard au faible montant du prélèvement en cause par rapport à l'ensemble des recettes de fonctionnement du budget de la ville de Paris[6]. La question se pose alors de savoir à partir de quel montant on peut considérer qu'une diminution de recette pourrait être jugée contraire à la libre administration ?

Dans la mesure où la baisse de recette fiscale est intégralement compensée par le versement d'une subvention de l'État, il ne saurait, en principe, y avoir atteinte au principe de libre administration. Mais, une autre question se pose : pourrait t-on envisager une suppression progressive et totale de la fiscalité locale, laquelle serait remplacée par des dotations étatiques ? Certains commentateurs ont estimé que si les recettes fiscales locales devenaient marginales par rapport aux dotations versées par l'État on pourrait considérer que le principe de libre administration serait méconnu. Comment alors fixer la part incompressible des ressources fiscales ? Doivent-elles constituer une part déterminante (au minimum 50% des ressources totales) ou seulement une part

---

intercommunal de redistribution de ressources ayant pour objet de contribuer à l'amélioration des conditions de vie dans celles des communes qui supportent des charges particulières sans disposer d'un potentiel fiscal par habitant élevé.

[5] Décision 405 DC du 29 décembre 1998, cons. 49.

[6] Décision 298 DC du 24 juillet 1991, cons. 38.

substantielle (par exemple 25%) ? Doit-on raisonner au niveau de chacune des collectivités, ce qui paraît difficile à appliquer, ou au niveau de chaque catégorie[7]?

La réforme constitutionnelle de 2003 s'est efforcée d'apporter des réponses à ces interrogations dans le sens d'un renforcement de l'autonomie fiscale locale[8].

II. La réforme constitutionnelle de 2003 et la jurisprudence constitutionnelle

L'objectif de cette réforme a été de proclamer l'existence d'un véritable pouvoir fiscal local lequel ne pouvait être consacré par le juge constitutionnel.

Il est désormais précisé que les collectivités territoriales peuvent recevoir tout ou partie du produit des impositions de toutes natures et que la loi peut, nonobstant l'article 34, les autoriser à en fixer l'assiette et le taux. Elles peuvent déroger, à titre expérimental (pour un objet et une durée limités), aux dispositions législatives et réglementaires qui régissent leurs compétences. La Constitution garantit aussi que les recettes fiscales et les ressources propres de chaque catégorie de collectivités représenteront *une part déterminante* de leurs ressources et que tout transfert de compétences devra s'accompagner de l'attribution de *ressources équivalentes* à celles qui étaient consacrées à leur exercice. Par ailleurs, toute création ou extension de

[7] PHILIP (L), « Les garanties constitutionnelles du pouvoir financier local », *Revue française de droit administratif*, 1992, p. 453 et « L'autonomie financière des collectivités territoriales », *Les cahiers du Conseil constitutionnel*, n° 12, 2002, p. 96 et s.

[8] Celle-ci n'est toutefois pas liée à l'importance de la fiscalité locale. En 1997, celle-ci représentait 52% des ressources locales en France mais seulement 30% en Allemagne et 21% en Italie, pays dans lesquels la libre administration des collectivités territoriales est considérée comme plus importante que dans notre pays.

compétence ayant pour conséquence d'augmenter leurs dépenses doit être accompagnée de ressources déterminées par la loi. Enfin, la Constitution invite le législateur à prévoir des dispositifs de péréquation destinés à favoriser l'égalité entre les collectivités territoriales. L'apport constitutionnel est donc très important. Mais les nouvelles dispositions ne sont pas toujours très claires. Elles devront être précisées par le juge constitutionnel qui devra aussi en assurer le respect.

- Beaucoup de ces nouvelles dispositions découlaient déjà de la jurisprudence constitutionnelle et l'on peut se demander s'il était vraiment utile de les inscrire dans la Constitution. Le constituant aurait pu se limiter aux quelques cas où la jurisprudence constitutionnelle pouvait être considérée comme un obstacle à l'accroissement des pouvoirs financiers et fiscaux locaux. Il est clair que sa volonté a été de porter un coup d'arrêt à la défiscalisation progressive de la fiscalité locale. Si ce processus c'était poursuivi, on aurait pu assister à une disparition complète de la fiscalité locale. Mais, paradoxalement, les nouvelles dispositions constitutionnelles sur ce point ne sont pas très claires. La garantie selon laquelle les recettes fiscales et autres ressources propres des collectivités territoriales représentent, pour chaque catégorie de collectivités, une part déterminante de leurs ressources, peut donner lieu en effet à deux lectures différentes. Selon la première, la plus cohérente, il faudrait comprendre que les recettes fiscales des collectivités (ou sur lesquelles elles ont un pouvoir de décision) et leurs autres ressources propres doivent représenter une part déterminante de leurs ressources globales. Selon la seconde, l'expression recettes fiscales aurait un sens général, il s'agirait de toute recette de nature fiscale, notamment de l'affectation d'une part d'un impôt étatique. Il en découlerait que le législateur pourrait décider la suppression de la fiscalité locale et son remplacement par, par exemple, une part de la TVA, sans que cette mesure soit jugée contraire à la Constitution bien que peu conforme à la volonté du constituant de 2003.

Il va falloir attendre la décision relative à la loi organique pour éclaircir ce point et aussi connaître la position du juge constitutionnel.

- Dans sa décision relative à la loi de finances pour 2004[9], il a dû répondre à des arguments fondés sur la méconnaissance des nouvelles dispositions découlant de la réforme de 2003. L'article 59 de la loi portait sur les ressources attribuées aux départements en compensation du transfert de compétences relatif à la gestion des allocations versées au titre du RMI et du RMA. Les requérants estimaient que les conditions de la compensation financière ne respectaient ni le principe de libre administration ni les nouvelles règles constitutionnelles de l'article 72-2 de la Constitution. En particulier, ils soutenaient que la taxe de consommation intérieure sur les produits pétroliers ne pouvait être assimilée à une ressource propre des départements, dès lors que ceux-ci ne pourront en fixer ni l'assiette ni le taux. Le choix d'attribuer une fraction du tarif de cette taxe aux départements aurait ainsi pour effet de réduire la part des ressources propres dans les ressources totales des départements et porterait ainsi atteinte à leur autonomie financière.

Le Conseil a refusé de se prononcer sur ce point en faisant valoir que, selon le nouvel article 72-2, une loi organique devait définir la notion de ressources propres et déterminer pour chaque catégorie de collectivités, la part minimale que doivent représenter les recettes fiscales et les autres ressources propres dans l'ensemble de leurs ressources. La méconnaissance de ces dispositions ne peut donc être utilement invoquée tant que cette loi organique ne sera pas promulguée.

---

[9] 489 DC du 29 décembre 2003, voir annexe.

Cependant, le juge constitutionnel apporte un certain nombre de précisions sur les conditions de l'affectation d'une part de la Taxe intérieure sur les produits pétroliers (TIPP). Il confirme que la compensation doit être équivalente à la dépense en soulignant que si les recettes départementales provenant de la TIPP venaient à diminuer, il appartiendrait à l'État de maintenir un niveau de ressources équivalent à celui qu'il consacrait à l'exercice de cette compétence avant son transfert.

En revanche, si l'augmentation des dépenses découle d'une décision des collectivités territoriales, il n'y aurait pas lieu à compensation.

Conclusion

Il est difficile de savoir, avant l'adoption définitive de la loi organique, quelle sera la portée exacte de la réforme de la décentralisation financière. Certains parlementaires se sont opposés au projet de loi organique du gouvernement sur les notions de recettes fiscales et de ressources propres. Les sénateurs ont adopté deux amendements. Le premier définit les ressources propres comme étant celles dont les collectivités peuvent fixer elles-mêmes le taux et l'assiette et non plus le produit d'impôts transférés par l'État. Le second précise la notion de part déterminante. La référence ne serait plus le niveau de ressources constaté au titre de l'année 2003 mais un niveau plus favorable

Quelle que soit la rédaction finale du texte, il est certain que la jurisprudence constitutionnelle jouera un rôle essentiel. En effet, non seulement le Conseil devra se prononcer sur la constitutionnalité de la loi prochaine organique, mais par la suite il devra examiner toutes les futures dispositions législatives financières. Celles-ci feront certainement l'objet de contestations ce qui amènera nécessairement le juge à préciser la portée des dispositions de valeur constitutionnelle et à en imposer le respect par le législateur. C'est pourquoi on peut considérer que, dans l'avenir, la décentralisation fiscale deviendra peu à peu une réalité.

Annexe

Article 72-2 de la Constitution (réforme du 28 mars 2003) :

Les collectivités territoriales bénéficient de ressources dont elles peuvent disposer librement dans les conditions fixées par la loi.

Elles peuvent recevoir tout ou partie du produit des impositions de toutes natures. La loi peut les autoriser à en fixer l'assiette et le taux dans les limites qu'elle détermine.

Les recettes fiscales et les autres ressources propres des collectivités territoriales représentent, pour chaque catégorie de collectivités, une part déterminante de l'ensemble de leurs ressources. La loi organique fixe les conditions dans lesquelles cette règle est mise en œuvre.

Tout transfert de compétences entre l'État et les collectivités territoriales s'accompagne de l'attribution de ressources équivalentes à celles qui étaient consacrées à leur exercice. Toute création ou extension de compétences ayant pour conséquence d'augmenter les dépenses des collectivités territoriales est accompagnée de ressources déterminées par la loi.
La loi prévoit des dispositifs de péréquation destinés à favoriser l'égalité entre les collectivités territoriales.

Décision du 29 décembre 2003

- Sur l'article 59 :

19. Considérant qu'aux termes de l'article 59 : « I. – Les ressources attribuées au titre des transferts de compétence prévues par la loi du 18 décembre 2003 portant décentralisation en matière de revenu minimum d'insertion et créant un revenu minimum d'activité sont équivalentes au montant des dépenses exécutées par l'État en 2003 au titre de l'allocation de revenu minimum d'insertion et de l'allocation de revenu de solidarité prévu à l'article L. 522-1 du code de l'action sociale et des familles. – Ces ressources sont composées d'une part du produit de la taxe intérieur de consommation sur les produits pétroliers. Cette part est obtenue, pour l'ensemble des départements, par application d'une fraction du tarif de la taxe intérieure sur les produits pétroliers aux quantités

de carburants vendues sur l'ensemble du territoire national. – La fraction de tarif mentionnée à l'alinéa précédent est calculée de sorte qu'appliquée aux quantités de carburants vendues sur l'ensemble du territoire en 2003, elle conduit à un produit égal au montant des dépenses exécutées par l'État en 2003 au titre de l'allocation de revenu minimum d'insertion et de l'allocation de revenu de solidarité … Le niveau de cette fraction est modifié par une prochaine loi de finances afférente à l'année 2004. Cette modification tient compte du coût supplémentaire résultant pour les départements, d'une part, de la création d'un revenu minimum d'activité, et, d'autre part, de l'augmentation du nombre d'allocataires du revenu minimum d'insertion résultant de la limitation de la durée du versement de l'allocation de solidarité spécifique. – Le niveau définitif de cette fraction est arrêté par la plus prochaine loi de finances après la connaissance des montants définitifs de dépenses exécutées par les départements en 2004 au titre de l'allocation du revenu minimum d'insertion et du revenu minimum d'activité. Il tient compte du coût supplémentaire résultant, pour les départements, d'une part, de la création d'un revenu minimum d'activité et, d'autre part, de l'augmentation du nombre d'allocataires du revenu minimum d'insertion résultant de la limitation de la durée de versement de l'allocation de solidarité spécifique … »

20. Considérant que les requérants estiment que les conditions de la compensation financière fixée par l'article 59 ne respectent pas le principe de libre administration des collectivités territoriales, ni les nouvelles règles constitutionnelles inscrites aux troisième et quatrième alinéas de l'article 72-2 de la Constitution ; qu'en particulier, la taxe intérieure de consommation sur les produits pétroliers ne saurait, selon eux, être assimilée à une ressource propre des départements dès lors que ceux-ci ne pourront en fixer ni l'assiette ni le taux ; que le choix qui a été fait d'attribuer une fraction du tarif de cette taxe aux départements aurait pour effet de réduire la part des ressources propres dans les ressources totales des départements et, par suite, porterait atteinte à leur autonomie financière ; qu'enfin, la nature et le montant de la ressource transférée ne permettraient pas de respecter le principe de l'équivalence entre les charges et les ressources transférées ;

21. Considérant, en premier lieu, qu'aux termes du troisième alinéa de l'article 72-2 de la Constitution : « Les recettes fiscales et les autres ressources propres des collectivités territoriales représentent, pour chaque catégorie de collectivités, une part déterminante de l'ensemble de leurs ressources. La loi organique fixe les conditions dans lesquelles cette règle est mise en œuvre » ; que la méconnaissance de ces dispositions ne peut être utilement invoquée tant que ne sera pas promulguée la loi organique qui devra définir les ressources propres des collectivités territoriales et déterminer, pour chaque catégorie de collectivités territoriales, la part minimale que doivent représenter les recettes fiscales et les autres ressources propres dans l'ensemble de leurs ressources.

22. Considérant, en deuxième lieu, qu'aux termes du quatrième alinéa de l'article 72-2 de la Constitution : « Tout transfert de compétences entre l'État et les collectivités territoriales s'accompagne de l'attribution de ressources équivalentes à celles qui étaient consacrées à leur exercice. Toute création ou extension de compétences ayant pour conséquence d'augmenter les dépenses des collectivités territoriales est accompagnée de ressources déterminées par la loi » ;

23. Considérant, d'une part, qu'en transférant aux départements des recettes égales au montant des dépenses exécutées par l'État en 2003 au titre de l'allocation de revenu minimum d'insertion et de l'allocation de revenu de solidarité, l'article 59 respecte le principe de l'équivalence entre les charges constatées à la date du transfert et les ressources transférées ; que, toutefois, si les recettes départementales provenant de la taxe intérieure de consommation sur les produits pétroliers venaient à diminuer, il appartiendrait à l'État de maintenir un niveau de ressources équivalent à celui qu'il consacrait à l'exercice de cette compétence avant son transfert ;

24. Considérant, d'autre part, que l'article 59 prévoit un mécanisme permettant d'adapter la compensation à la charge supplémentaire résultant, pour les départements, de la création d'un revenu minimum d'activité et de l'augmentation du nombre d'allocataires du revenu minimum d'insertion par suite de la limitation de la durée de versement de l'allocation de solidarité spécifique ; que, ce faisant, il respecte le principe selon lequel toute

création ou extension de compétences ayant pour conséquence d'augmenter les dépenses des collectivités territoriales est accompagné de ressources déterminées par la loi ;

25. Considérant qu'il s'ensuit que, sous la réserve énoncée au considérant 23, l'article 59 n'est pas contraire au principe de libre administration des collectivités territoriales, tel qu'il est défini dans les articles 72 et 72-2 de la Constitution ;

Les particularismes territoriaux et le principe d'égalité

Christian Lopez
Maître de conférences de l'université de Cergy-Pontoise
Membre du Centre d'études et de recherches administratives et politiques

Les Etats unitaires fortement régionalisés ne peuvent que consolider le pouvoir fiscal local afin de le stabiliser, mais des distorsions de traitement non justifiées, seraient susceptibles d'être sanctionnées pour rupture au principe d'égalité. Dans presque tous les Etats membres de l'union européenne, le processus de décentralisation en cours développe sans cesse davantage le champ de compétences des collectivités locales. Depuis une dizaine d'années d'importantes mutations juridiques, sociales, fiscales et budgétaires contraignent les pouvoirs en place à tenir compte des particularismes territoriaux dont l'ampleur est susceptible de porter atteinte au principe d'égalité. Ainsi, un glissement semble s'opérer de la notion de simple compétence fiscale à la notion de pouvoir fiscal exercé de manière inégale. Les collectivités locales ont vu se mettre en place une certaine autonomie fiscale permettant de répondre à leurs spécificités économiques et sociales[1].

Mais ne nous y trompons pas. Le discours de décentralisation que l'on pourrait croire original et présenté comme un enjeu de la modernisation de la vie politique n'est en réalité qu'un leitmotiv de deux siècles. Pierre Rosanvallon souligne que ce thème ressurgit régulièrement depuis les années 1820, « comme si son actualité obéissait à un

---

[1] Blanc (J), « De la compétence au pouvoir fiscal : vers un modèle latin d'autonomie », *Archives de Philosophie du. Droit*, tome 46, 2002, pp. 33-38

mystérieux cycle trentenaire de la vie politique »[2]. Nous ne pouvons que constater avec l'historien que « la déploration des méfaits de la centralisation et l'appel récurrent à la décentralisation constituent l'un des grands lieux communs du discours politique français ». La décentralisation se situe dans un idéal de liberté et d'autonomie dont le passage à l'acte est freiné par cet autre idéal républicain d'égalité avec la crainte de constater un affaiblissement du pouvoir central. Cette perte de pouvoir de l'Etat centralisateur est souvent assimilée à une montée des inégalités cessant de garantir à tous l'accès à un même service public. Se pose alors cette perpétuelle question de l'affrontement de cette antinomie latente entre liberté et égalité.

Le principe d'égalité devant la loi fiscale est rattaché, aussi bien par la doctrine que par la jurisprudence, au principe plus général d'égalité devant la loi[3]. En effet, aux termes même de la Déclaration des droits de l'homme et du Citoyen, en ses articles 1 et 6 « Les hommes naissent libres et égaux en droits », et la loi « doit être la même pour tous, soit qu'elle protège, soit qu'elle punisse »[4]. Dans le cadre de cette égalité formelle, il semble qu'un sort particulier soit réservé à la loi fiscale qui ni ne punit ni ne protège. Toutefois l'article 13 de la dite déclaration souligne les particularités du principe d'égalité en matière fiscale, à travers la notion d'égalité devant les charges publiques.

---

[2] Rosanvallon (P), *Le modèle politique français : la société civile contre le jacobinisme de 1789 à nos jours*, Seuils, 2003, 464 p.

[3] Leben (C), « Le Conseil constitutionnel et le principe d'égalité devant la loi », *RDP*, 1982.

[4] Sur l'invocation de l'article 6 de la déclaration pour fonder le principe d'égalité devant l'impôt, Philip (L), « Le principe constitutionnel d'égalité en matière fiscale », *Droit Fiscal*, 1990, n° 12.

La norme législative comme expression de la volonté générale, explique partiellement le respect accordé par le juge administratif à la loi. En effet un éventuel contrôle par le juge ordinaire de la constitutionnalité sera totalement écarté en 1958 par la création d'un organisme dont la fonction première est de se consacrer à cette tâche. Ainsi le contrôle de constitutionnalité de la loi fiscale incombe au Conseil constitutionnel saisi conformément aux modalités de l'article 61 de la Constitution. Et même s'il est vrai que la loi de finances fait systématiquement l'objet d'une saisine du Conseil, il n'en demeure pas moins, qu'au-delà du risque de faillibilité du contrôle a priori des juges même constitutionnels, il apparaît clairement aujourd'hui que les lois fiscales ne sont pas toutes comprises dans la loi de finances. Ce n'est finalement qu'au travers du contrôle de conventionalité[5] que le juge judiciaire ou administratif exerce un contrôle de constitutionnalité de la loi en cause[6].

Mais comme le souligne à juste titre Emmanuelle Mignon[7] dans son remarquable article sur la territorialisation de la fiscalité, en droit fiscal, « la voie du contrôle de conventionalité est d'un recours très limité. La fiscalité demeure pour l'essentiel une compétence nationale, sous réserve de la prise que donne l'article 6 § 1 de la convention européenne des droits de l'homme sur la procédure contentieuse et les pénalités fiscales, de la timide entrée de l'article 1er du protocole additionnel de la même convention

---

5 Contrôle de la compatibilité entre les lois et les stipulations internationales dont certaines comme la convention européenne de sauvegarde des droits de l'homme et des libertés fondamentales ou encore le pacte de New York relatif aux droits civils et politiques, reprenant bon nombre de principes du bloc de constitutionnalité.

6 Cass. ch. Mixte 24 mai 1975, Sté des cafés J. Vabre, Bull. civ ; CE 20 octobre 1989, Nicolo, RJF 11/89 n° 1266

7 Mignon (E), « Territorialisation de la fiscalité : le juge peut-il sauver le principe d'égalité ? », *RJF*, 07/99, p. 511.

relatif au droit de propriété dans le contentieux de l'impôt et du régime de la TVA largement communautarisé ».

La loi fiscale a admis très tôt les différences de situations entraînant un traitement fiscal différencié, justifié par la notion de discrimination positive. La prise en compte de certains secteurs géographiques, pour relancer l'activité économique par l'embauche de chômeurs, l'attraction de travailleurs indépendants, l'encouragement d'une branche d'activité[8] aboutit à l'octroi de privilèges fiscaux. Plutôt que de souligner une égalité juridique stricte, le principe d'égalité devant l'impôt apparaît plus comme un instrument de redistribution financière et comme un outil de réalisation d'une politique économique et sociale.

I) La notion de discrimination positive comme évitement de la rupture du principe d'égalité en matière fiscale

La multiplication des mesures destinées à prendre en compte les spécificités de certains publics ou territoires constitue-t-elle une entorse au principe d'égalité ou au contraire permet-elle de rétablir une égalité réelle par rapport aux inégalités produites par les faits ou l'emplacement géographique (quartiers en difficulté, zones rurales en voie de désertification, régions en reconversion…) ? Après avoir étudié l'utilité de la notion de discrimination positive, nous aborderons l'étendue de son application en droit fiscal.

---

[8] Verkindt (P-Y), « Les exonérations de charges sociales : un outil pour la politique de la ville », *RDSS*, 1997, n° 3.

A) L'utilité de la notion de discrimination positive

Une fois que l'on aura répondu en droit à cette question, il conviendra d'en tirer toutes les conséquences au regard de l'application qui en est faite, autrement dit ces mesures s'inscrivant dans le cadre des politiques de la ville et de l'aménagement du territoire, dites de discrimination positive, ont-elles des effets concrets dans le rétablissement économique et social de ces zones en difficulté ou au contraire profitent-elles à ceux qui, en exploitant judicieusement la loi, n'ont d'autres objectifs que de diminuer leurs charges fiscales ?

Dans un article sur le régionalisme fiscal, le Professeur Bernard Plagnet souligne notamment l'évolution des idées dans l'admission d'une fiscalité différenciée sur le territoire. Ce particularisme fiscal a d'ailleurs été très tôt admis pour les territoires et départements d'outre-mer puisque les articles 73 et 74[9] de la Constitution autorisent l'application de normes locales venant se substituer aux normes nationales.

Sur le territoire national[10] le principe constitutionnel d'indivisibilité de la République implique « l'unité de source normative », mais cette unité de source normative ne fait pas obstacle à « plusieurs législations édictées par la même source et s'appliquant différemment selon les portions du territoire »[11] des adaptations du principe d'égalité à la diversité du territoire. C'est d'ailleurs en ce sens que le Conseil constitutionnel a rendu sa décision sur le contrôle de constitutionnalité exercé dans le cadre de la loi sur l'aménagement et le développement du territoire. En effet,

---

[9] Articles de la Constitution réécrits par la réforme du 17 mars 2003.

[10] Au-delà de l'Alsace et de la Moselle où l'histoire explique la survivance d'un ordre juridique particulier.

[11] Favoreu (L), *Les bases constitutionnelles du droit des collectivités locales, in La nouvelle décentralisation*, Sirey, Paris 1983, p. 22.

concernant les directives territoriales d'aménagement selon cette décision du 26 janvier 1995, « la circonstance que leur champ d'application soit limité à certaines parties du territoire national répond à la prise en compte de situations différentes et ne saurait par suite méconnaître le principe d'égalité non plus que porter atteinte au principe d'indivisibilité de la République »[12]

La question simple qui est posée lors de la loi d'orientation pour l'aménagement du territoire est de savoir si le législateur peut déroger au principe constitutionnel d'égalité en créant des inégalités de droit afin de parvenir à une égalité de fait[13] ?

Aux termes même de l'article 1er de la Constitution du 4 octobre 1958 et de l'article 6 de la Déclaration des droits de l'homme et du citoyen, la France assure l'égalité devant la loi de tous les citoyens, cette loi devant être la même pour tous, les citoyens étant égaux au regard de cette loi[14].

La notion de discrimination positive a permis de répondre à cette question. Il est possible de la définir comme une différence de traitement juridique destinée à compenser des inégalités de fait entre certaines catégories de personnes physiques ou morales[15]. Ainsi, plutôt que de porter atteinte au principe d'égalité devant la loi, la notion de discrimination positive permet, au contraire, d'en rétablir sa mise en œuvre.

---

[12] DC 26 janvier 1995, JO, 1er février 1995, p.1706.

[13] Melin-Soucramanien (F), « Les adaptations du principe d'égalité à la diversité des territoires », *Revue française de droit administratif*, Septembre – octobre 1997.

[14] Article 1er de la Constitution : « La France est une République indivisible, laïque, démocratique et sociale. Elle assure l'égalité devant la loi de tous les citoyens sans distinction d'origine, de race ou de religion. Elle respecte toutes les croyances. Son organisation est décentralisée. » .

[15] Pour une étude de droit constitutionnel comparé de la notion de discriminations positives cf. Melin-Soucramanien (F), article précité.

Il ne s'agit pas d'autoriser en matière fiscale systématiquement toute entorse au principe constitutionnel d'égalité des citoyens devant la loi, mais de l'appliquer correctement. En effet pour reprendre un considérant de principe de la décision du 3 juillet 1986[16] « le principe d'égalité ne fait pas obstacle à ce qu'une loi établisse des règles non identiques à l'égard de catégories de personnes se trouvant dans des situations différentes ; mais ... il ne peut en être ainsi que lorsque cette non -identité est justifiée, compte tenu de l'objet de la loi, par la différence de situation ».

Soulignons que le Conseil constitutionnel ne se borne pas à faire une analyse strictement juridique de la différence de situation, mais apprécie la portée réelle de la loi par rapport au motif qui la provoque et au but général que poursuit le législateur. Ce n'est que dans l'hypothèse d'une rupture caractérisée de l'égalité devant les charges publiques que le Conseil censurera le texte. C'est ainsi qu'il procèdera lorsque la différence de traitement issue de la loi contrôlée n'est pas en rapport avec l'objet de la loi ou encore si le législateur n'a pas fondé « son appréciation sur des critères objectifs et rationnels en fonction des buts qu'il se propose » et qu'ainsi de telles dispositions créaient une « rupture caractérisée » de l'égalité entre les contribuables[17].

B) L'application de la notion de discriminations positives en matière fiscale

Le secteur dans lequel nous rencontrons le plus d'exemples de discriminations positives en France relève « des différenciations de traitement en fonction de la localisation géographique sur le territoire national ».

---

[16] CC 3 juillet 1986, 86-209, RJF, 11/1986 n° 995 – 996.
[17] CC 28 décembre 1995, n° 95-369, RJF 02/1996, n° 209.

Le principe de discrimination positive a été clairement énoncé lors des débats parlementaires[18] sur la loi d'orientation pour l'aménagement et le développement du territoire du 4 février 1995, en mettant en place des mesures destinées à lutter contre les disparités locales économiques et sociales. Ainsi, un système de compensation ou de péréquation fiscale a été instauré. Le ministre de l'Aménagement du territoire de l'époque avait précisé que le principe essentiel posé dans ce texte sur l'aménagement du territoire est « à territoires inégaux, régime social et fiscal inégal », le ministre délégué avait même rajouté que pour lutter contre l'inégalité des territoires, il faut recourir à l'inégalité devant l'impôt[19].

Ces différents exemples soulignent également la spécificité française de mise en œuvre par les pouvoirs publics de la notion de discrimination positive. En effet, au Canada ou aux Etats-Unis qui se caractérisent par le constat d'une diversité territoriale, des mesures positives ont été admises également par les cours suprêmes mais essentiellement dans le but de favoriser des minorités raciales en vue de leur intégration sociale. En France, le recours à cette notion de discriminations positives est plus large puisqu'elle est utilisée pour rétablir une certaine égalité en matière fiscale, par exemple, entre les personnes en raison de leur âge, de l'existence d'un handicap ou plus simplement en raison de la diversité du territoire. Selon l'analyse de certains auteurs, cette spécificité française « peut s'expliquer par l'importance que revêt le principe d'unité et d'indivisibilité de la République depuis la période révolutionnaire… » n'ayant eu de cesse d'affirmer l'existence « d'une conception

---

[18] Journal officiel, 4 février 1995 p. 1973.

[19] Pasqua (C), AN, Journal officiel, Débats parlementaires, 2 décembre 1994, p. 8078 ; Hoeffel (D), Sénat, Journal officiel débats parlementaires 8 novembre 1994, p. 5188.

universaliste de l'Etat » conduisant les pouvoirs publics à établir l'égalité entre toutes les portions du territoire[20].

II) Le principe de légalité comme limite au principe d'égalité

Les conditions pour saisir le juge constitutionnel limitent largement son pouvoir de contrôle sur la mise en œuvre de l'égalité fiscale. Le juge administratif peut, au contraire, contrôler l'administration fiscale qui mettrait à mal le principe d'égalité, mais il reste malgré tout tenu par le principe de légalité. La règle étant qu'une recherche d'égalité devant l'impôt ne saurait faire obstacle à l'application d'une imposition établie conformément à la loi[21]. La loi doit être appliquée même si elle aboutit à créer une inégalité entre les contribuables. C'est ce que nous constaterons dans le cadre des taux des taxes locales mais également au niveau de la délimitation notamment des zones franches urbaines[22]. Ce dispositif qui expirait initialement le 31 décembre 2001, a été reconduit jusqu'au 1er janvier 2008[23] et étendu aux quarante et une nouvelles ZFU créées à compter du 1er janvier 2004[24].

---

[20] Mélin-Soucramanien (F), op.cit.

[21] CE 24 mars 1956, Sté des établissements Motte et Porisse ; CE 15 février 1989, Liberatore, RJF, 1989, n° 401.

[22] Pour une étude des zones prioritaires cf Plagnet (B), « Le régionalisme fiscal ou l'émiettement ? », *Bulletin Fiscal Francis Lefebvre*, 11/03.

[23] Loi n° 2002-1576, 30 décembre 2002, art. 79.

[24] Loi n° 2003-710, 1er août 2003, Journal Officiel 2 août 2003, art. 23.

A) Exonération en zones franches urbaines (ZFU)

Les entreprises qui s'implantent dans les ZFU[25] peuvent bénéficier d'une exonération temporaire d'impôt sur les bénéfices et de la taxe professionnelle[26]. Après avoir instauré un mécanisme de sortie sur trois ans du dispositif[27], le régime de faveur des ZFU pour les entreprises créées ou implantées dans ces zones entre le 1er janvier 2002 et le 31 décembre 2007 a été prorogé par le législateur[28]. Enfin, depuis le 1er janvier 2004, quarante et une nouvelles zones franches sont créées dans des quartiers qui relevaient auparavant d'une classification en zone de redynamisation urbaine[29].

Ces nouvelles zones franches bénéficient, jusqu'au 31 décembre 2008, du même régime d'exonération que les premières ZFU mais sous des conditions plus restrictives. Afin de rendre compatible le régime des ZFU avec le droit communautaire, le dispositif d'exonération des entreprises implantées dans les nouvelles ZFU est soumis à des conditions plus strictes qu'à l'égard des entreprises implantées

---

[25] Les ZFU n'étant qu'un sous-ensemble des ZRU, certaines entreprises nouvelles peuvent entrer à la fois dans le champ d'application de l'article 44 sexies du CGI et dans celui de l'article 44 octies du même code. Dans cette hypothèse, le contribuable peut opter, dans les six mois suivant le début de son activité ou dans les six mois de la délimitation de la zone où il exerce déjà son activité, pour le régime prévu à l'article 44 sexies du CGI. Cette option est irrévocable.

[26] Initialement, le régime d'exonération était réservé aux contribuables ayant exercé ou créé une activité dans une ZFU entre le 1er janvier 1997 et le 31 décembre 2001.

[27] Loi n°2001-1275, 28 décembre 2001, art. 17, Les Nouvelles Fiscales, LAMY, n° 862, p. 18.

[28] Loi n°2002-1576, 30 décembre 2002, art. 79.

[29] Loi n° 2003-710, 1er août 2003, art. 23, Journal officiel 2 août 2003.

dans les zones ouvertes au 1er janvier 1997. Ainsi, le régime des ZFU, dans les zones ouvertes au 1er janvier 2004, est réservé aux entreprises employant moins de 50 salariés au 1er janvier 2004, ou à sa date de création si elle est postérieure, et dont le chiffre d'affaires n'excède pas 7 M€ ou dont le total de bilan est inférieur à 5 M€. À compter du 1er janvier 2005, ces seuils seront portés à 10 M€. De plus, ces entreprises doivent être indépendantes. Elles sont considérées comme telles lorsqu'elles ne sont pas détenues directement ou indirectement, à hauteur de 25 % ou plus par une ou plusieurs entreprises ne répondant pas aux conditions susvisées.

Toutefois, ces entreprises peuvent être détenues à plus de 25 % par des fonds communs de placement à risque, des sociétés de développement régional, des sociétés financières d'innovation et des sociétés unipersonnelles d'investissement à risque, dès lors qu'il n'existe pas de lien de dépendance, au sens de l'article 39 (12°) du CGI entre ces sociétés au fonds et les entreprises concernées, toutes les autres conditions étant par ailleurs réunies.

Les avantages fiscaux octroyés aux entreprises situées dans ces zones sont considérables et peuvent nous conduire à constater une rupture du principe d'égalité. Toutefois, comme l'a déjà souligné le Conseil constitutionnel, le principe d'égalité ne fait pas obstacle à ce que le législateur édicte, par l'octroi d'avantages fiscaux, des mesures d'incitation au développement et à l'aménagement de certaines parties du territoire national dans un but d'intérêt général.

B) Le taux des taxes locales fixé par les collectivités territoriales : une atteinte apparente au principe d'égalité

Derrière un discours lénifiant des pouvoirs publics soulignant la baisse de l'impôt sur le revenu, force est de constater que les impôts locaux augmentent. En effet sur plus de 80 % des communes, nous avons assisté au titre de l'année 2003 à une hausse de la fiscalité locale. Pour 780 millions d'euros économisés dans le cadre de l'impôt sur le revenu, les contribuables auront eu à supporter 1,4 milliard d'euros supplémentaires par le biais de la taxe d'habitation et de la taxe foncière.

Là encore, il conviendrait de distinguer les prélèvements au titre des différentes collectivités : région, département, commune, ou encore de l'intercommunalité. Dans certaines communes l'augmentation a été substantielle, atteignant parfois des hausses globales comprises entre 16 et 18 %. Ces délibérations dans lesquelles les collectivités sont amenées à décider de l'augmentation, la stagnation, voire la diminution des taux des taxes locales, sont-elles susceptibles d'être contestées dans le domaine du principe d'égalité ? Il s'agit là de s'interroger notamment sur le contrôle de l'augmentation des taxes locales.

Selon une jurisprudence constante, les contribuables peuvent contester leurs impositions en invoquant l'illégalité des taux votés par le conseil municipal[30]. Selon Alain

[30] CE 29 juin 1900, n° 86615, Merlin : Lebon p. 438 ; CE 14 juin 1968, Section, Citroën : Lebon p. 371 ; CE 26 juin 1989, n° 67977, EDF : *RJF* 10/89 n° 1120, conclusions Martin (P), *Droit fiscal.* 16/90 c. 820 ; CAA Paris 31 décembre 1990, n° 2300 : *RJF* 4/91 n° 445 ; CAA Lyon 5 avril 1993, n° 91-389 : RJF 6/93 n° 837, étude Colombeau *RJF* 7/93 p. 552, conclusions Richer (D), *BDCF* 5/39/93 p. 81 ; CE 18 mai 1998, n° 148710, SA Carrefour : *RJF* 7/98 n° 809.

Colombeau[31], l'exception d'illégalité est une technique juridique très usitée en contentieux fiscal car il est rare que l'acte d'imposition (rôle ou avis de mise en recouvrement) soit contesté lui-même, pour incompétence, défaut de motivation ou prescription[32]. En général, l'impôt n'est contesté qu'indirectement, à travers l'illégalité d'un acte administratif qui l'a précédé : actes ou décisions individuelles préparatoires, notamment lorsqu'il y a eu procédure de redressement, ou bien actes réglementaires applicables à l'impôt. Tout impôt doit respecter les règles de droit qui sont hiérarchisées, faute de quoi les contribuables peuvent en demander la décharge. L'exception d'illégalité illustre ce principe. Elle peut se définir comme le moyen de droit qui évoque l'illégalité, soit de règles de droit supérieures et antérieures à l'acte administratif contesté, soit d'actes non réglementaires antérieurs formant avec celui-ci un tout indivisible.

Le Conseil d'État a également reconnu d'une part que le contribuable communal, par cette seule qualité, avait intérêt à agir pour demander l'annulation d'une délibération du conseil municipal relative à une dépense ayant une incidence sur les impôts locaux en général[33], et d'autre part qu'un membre du conseil municipal avait intérêt et qualité pour attaquer en annulation par un recours pour excès de pouvoir la délibération ayant adopté le budget de la commune[34].

---

[31] Colombeau (A), « L'exception d'illégalité dans le contentieux des impôts locaux directs », *RJF*, 07/93 p. 552.
[32] CE 26 juin 1996, SARL Rossi frères, RJF, 8-9/96 n° 1014.
[33] CE 29 mars1901, Casanova : Lebon 333, S. 1901, III, 73, note Hauriou; GAJA 9e éd., thème n° 8 ; CE 12 mai 1933, Section, Association pour la défense des administrés et des contribuables de Marseille : Lebon 507.
[34] CE 1-5-1903, Bergeon : Lebon 324, S. 1905, III, 1, note Hauriou ; également CE 4-8-1905, Martin : Lebon 749, conclusions Romieu.

Auparavant, le Conseil d'État[35] avait admis, que le contribuable communal pouvait, à l'appui de sa demande en décharge, invoquer, par voie d'exception, l'illégalité de la délibération ayant adopté le budget et les impôts de la commune :« Considérant que les contribuables peuvent, à bon droit, invoquer à l'appui de leur demande en dégrèvement, l'illégalité ou l'irrégularité substantielle des actes par lesquels les ressources communales sont votées, autorisées, réparties ou mises en recouvrement ; mais qu'il n'en saurait être ainsi des actes qui déterminent l'affectation des ressources… » (sauf le cas où les centimes additionnels sont votés pour insuffisance de revenus).

Mais le moyen tiré de la violation d'un principe constitutionnel, comme le principe d'égalité ou la prise en compte des capacités contributives des contribuables, est inopérant si l'imposition est conforme à la loi fiscale[36]. En l'espèce, le moyen tiré du caractère excessif des taux se heurtait au respect par le conseil municipal des règles de plafonnement des taux fixées par l'article 1636 B septies du CGI.

Plus récemment, le Conseil d'Etat dans sa décision du 9 avril 1999 (M. Plissonneau-Duquesne) a eu l'occasion de trancher cette question[37]. Selon le Conseil d'Etat, dès lors que les taux des impôts locaux votés par un conseil municipal, même s'ils sont élevés et en forte augmentation, n'excèdent

---

[35] CE 29-6-1900 : Lebon 438, S. 1900, III, 65, note Hauriou : mobilière et patentes.

[36] CE 19 novembre 1984, n° 17753, RJF 1/85 p. 66 ; CE 19 mars 1986, n° 49261, RJF 5/86 n° 501 ; CE 3 décembre 1986, n° 64429, RJF 2/87 n° 200.

[37] CE 9 avril 1999 n° 124604, 8e et 9e s.-s., Plissonneau-Duquesne et autres, RJF 6/99 n° 725.

pas les limites fixées par la loi (CGI art. 1636 B septies)[38], les moyens tirés d'une violation du principe d'égalité devant l'impôt et d'une méconnaissance des capacités contributives des contribuables de la commune sont inopérants. Dans cette affaire, une commune de Martinique, Macouba, suite à d'importantes difficultés financières procède à une forte augmentation des taux des quatre taxes locales : 600% pour la taxe d'habitation, 40% pour la taxe foncière sur les propriétés bâties, 1050% pour la taxe foncière sur les propriétés non bâties, et 600% pour la taxe professionnelle). Une quinzaine d'administrés demande la décharge des impositions en invoquant l'illégalité de la délibération du conseil municipal ayant procédé à l'augmentation au motif de l'atteinte portée au principe d'égalité devant les charges publiques et de l'erreur manifeste d'appréciation des facultés contributives des contribuables que l'article 13 de la déclaration des droits de l'homme et du citoyen énonce.

Concernant, tout d'abord le principe d'égalité, le Conseil d'Etat va considérer qu'indépendamment des augmentations importantes, celles-ci sont restées dans les limites données par l'article 1636 B septies du CGI. Et comme le fait justement remarquer Emmanuelle Mignon[39] en

[38] L'article 1636 B septies du CGI prévoit que, pour chacune des quatre taxes directes locales, les taux votés par les conseils municipaux ne peuvent excéder un taux plafond. Ce taux plafond est actuellement calculé différemment selon qu'il s'agit de la taxe professionnelle ou des trois autres taxes. Pour les seules taxes d'habitation et taxes foncières, le taux plafond est égal pour chaque taxe au plus élevé des deux chiffres suivants :
- soit deux fois et demie le taux moyen constaté l'année précédente pour la même taxe pour l'ensemble des communes du département ; - soit deux fois et demie le taux moyen constaté l'année précédente au niveau national pour l'ensemble des communes.
Pour la taxe professionnelle, le taux plafond est égal à deux fois le taux moyen de cette taxe constaté l'année précédente au niveau national pour l'ensemble des communes.

[39] Mignon (E), op.cit.

plaçant le débat sur le terrain de l'application de la loi fiscale qui, elle-même, encadre le taux des taxes locales dans des moyennes, la Haute assemblée autorise obligatoirement des ruptures d'égalité entre les contribuables locaux selon le lieux où ils résident et le niveau maximal fixé par la loi. L'admission de ce moyen revenait à autoriser un contrôle de constitutionnalité des dispositions de l'article 1636 B septies du CGI. Dans ses conclusions sur l'affaire Plissonneau-Duquesne, le commissaire du Gouvernement[40] expliquait qu' « en matière de fiscalité locale, les dispositions de l'article 34 de la Constitution qui réservent au législateur la détermination des règles relatives à l'assiette et au taux des impositions doivent se combiner avec le principe de libre administration des collectivités territoriales, que consacre l'article 72. C'est pourquoi il est admis que les taux des impositions locales soient fixés, non par la loi, mais par l'organe délibérant de la collectivité, c'est-à-dire par un acte administratif soumis au contrôle du juge ».

Si, sur le plan du droit, la position du Conseil d'Etat est difficilement contestable, nous ne pouvons qu'émettre de vives critiques sur le plan de l'opportunité puisque avec l'accentuation de la décentralisation et de la libre administration des collectivités territoriales les disparités de traitement ne font que s'accentuer au rythme des liquidations judiciaires et des orientations budgétaires locales irresponsables qui contribuent à diluer un peu plus cette notion fondamentale de consentement à l'impôt.

Concernant le moyen des contribuables basé sur l'erreur manifeste d'appréciation de leurs facultés contributives, nous ne pourrons qu'émettre nos plus vives critiques aussi puisque ce principe de « la contribution commune comme devant être répartie entre tous le citoyens, en raison de leurs facultés

---

[40] Conclusions du commissaire du gouvernement, Jacques Arrighi de Casanova, BDCF 6-7/99.

implique que la charge fiscale doit être raisonnable, par rapport au revenu des contribuables[41]. Au niveau local une augmentation substantielle du taux des taxes peut aboutir à donner à la disposition un caractère confiscatoire, puisque dans les exemples pris par les requérants, un propriétaire foncier louait ses terres pour 265 304 F par an en étant assujetti à une taxe foncière de 301 812 F.

Il conviendrait d'ouvrir au juge ordinaire en matière de fiscalité locale le contrôle de l'appréciation des facultés contributives des contribuables.

N'est-ce pas l'article 14 de la Déclaration des droits de l'homme et du citoyen du 26 août 1789 qui invite chacun à « constater par lui même la nécessité de la contribution publique, de la consentir librement, d'en suivre l'emploi, d'en déterminer la quotité, l'assiette, le recouvrement et la durée » ? Face à cette formule, qui permettrait à la loi fiscale d'émaner directement des contribuables, on ne peut que constater les rares référendums en matière fiscale. Bien au contraire, les Constitutions n'ont de cesse de l'interdire comme en Italie ou au Danemark ou encore d'exclure le domaine des finances publiques de toute possibilité de référendum, comme en France. A ce stade, soulignons l'expérience menée dans l'Etat Californien en 1978 où un demi million de personnes a signé une pétition qui a abouti à l'adoption par référendum d'une loi diminuant de moitié les impôts fonciers locaux. La crainte est grande dans cette hypothèse d'aboutir à une diminution des prélèvements libératoires sans se soucier des conséquences sur le

[41] C.C. 21 juin 1993, n° 93-320 DC, Loi de finances rectificative pour 1993, RJF 3/99, n°348 : Ni la progressivité ni les effets de seuil de la contribution mise à la charge des entreprises exploitant des spécialités pharmaceutiques en cas d'accroissement de leur chiffre d'affaires ne sont excessifs au regard de la nécessaire prise en compte des facultés contributives de chacun, telle qu'elle résulte de l'article 13 de la Déclaration des droits de l'Homme et du citoyen.

financement des services publics et des dépenses d'intérêt général[42]. Directement lié au consentement des impôts d'Etat ou des collectivités territoriales, se pose l'épineux problème de la démocratie directe, dont l'applicabilité peut apparaître localement à géométrie variable dans le domaine des particularismes et des entorses au principe d'égalité, afin de favoriser l'adhésion du citoyen à l'impôt.

---

[42] Sur ce point lire, Barilari (A), *Le consentement à l'impôt*, Presses de sciences po, coll. La bibliothèque du citoyen, 2000, 147 p.

La concurrence fiscale locale à la lumière du droit communautaire

Didier Lecomte
Avocat - Docteur en droit
Membre du Centre d'études et de recherches administratives et politiques

Les collectivités locales interviennent, depuis de nombreuses années, dans l'économie locale par le biais d'aides directes ou indirectes accordées aux entreprises. Ces aides sont encadrées sur le plan interne mais elles le sont aussi sur le plan du droit communautaire.

L'objet du droit européen, notamment du traité de Rome et maintenant du traité de Maastricht, est de garantir la libre concurrence entre les Etats membres de l'union. Par conséquent, toute mesure susceptible de remettre en cause ce libre jeu de la concurrence interétatique est en principe interdite. Généralement, mais pas systématiquement ou plus systématiquement. Aujourd'hui, cette règle de la libre concurrence a perdu son caractère dogmatique.

Sur le plan fiscal l'enjeu est double ;

- stabilisation des recettes fiscales des Etats,

- bon fonctionnement du marché unique.

Ces enjeux supposent que la concurrence fiscale dommageable soit, sinon éliminée, au moins cantonnée dans des limites acceptables. Pour y parvenir on pense d'abord à l'harmonisation mais celle-ci est particulièrement difficile à mettre en œuvre compte tenu de la règle de l'unanimité qui commande toute prise de décision (25 Etats depuis le 1er mai dernier...).

En matière fiscale, la difficulté inhérente à la prise de décision est néanmoins contrebalancée par le recours au régime juridique des aides d'Etat[1]. Ce régime juridique complexe vient se superposer au droit interne de chacun des Etats membres et restreint la liberté d'action de ces derniers en matière de politique fiscale.

Or, ce régime des aides d'Etat s'applique aussi aux politiques fiscales des collectivités locales de chacun des Etats membres (I). Par conséquent, pour ce qui concerne la France, cette soumission au droit communautaire apparaît comme un frein à la décentralisation des pouvoirs. Ceci parce que le régime des aides d'Etat organise un système de contrôle relativement contraignant (II).

---

[1] Le recours au régime des aides d'Etat est d'ailleurs partie intégrante de l'accord sur le Code de bonne conduite, voir les conclusions du Conseil ECOFIN du 1er décembre 1997, point J, http://www.fontaneau.com ; voir aussi, Aujean (M), « Une politique fiscale pour la communauté européenne : le programme de la Commission », *Gaz. Pal.* 17/18 déc. 2003, p.7, *Gazette européenne*, n° 32, Actualité fiscale communautaire.

I) La soumission des collectivités locales au régime des aides d'Etat

Cette prééminence du droit communautaire doit être rappelée si l'on en juge par le rapport de la Cour des comptes de 1996 sur les interventions des collectivités locales en faveur des entreprises[2] ainsi que celui plus récent du Conseil d'Etat[3]. Il semble en effet que de nombreuses entorses aux règles communautaires sont régulièrement relevées parmi les décisions des dirigeants des collectivités locales. En réalité, ces entorses aux règles communautaires seraient surtout dues à la méconnaissance des textes et à la complexité des règles qui viennent se superposer aux règles internes.

Afin de justifier l'application du régime des aides d'Etat aux décisions des collectivités locales (B), il convient de rappeler brièvement ce que recouvre cette notion d'aides d'Etat (A).

---

[2] Rapport public particulier de la Cour des comptes, Les interventions des collectivités locales en faveur des entreprises, éd. du Journal officiel, nov. 1996, p. 73 et s.

[3] Rapport du Conseil d'Etat remis à l'automne 2003 au Premier ministre, rapport encore confidentiel duquel il ressort que si l'obligation pour les Etats de respecter le droit communautaire pose encore des difficultés, la question se pose de façon accrue pour ce qui concerne les collectivités locales. De nombreux manquements aux règles communautaires auraient été relevés de la part des dirigeants des collectivités locales qui semblent se perdre dans le maquis des textes. Source, Le Monde du 28 janvier 2004. Mais aussi des rapports de la Direction générale des collectivités locales, l'Agence pour la création d'emploi, la Fédération nationale des SEM, voir le résumé de M. Kouévi A. G., *Le droit des interventions économiques des collectivités locales*, LGDJ, collection Décentralisation et développement local, 2003, p. 313.

A) La notion d'aides d'Etat

Les articles 87 à 89 du traité de Maastricht du 7 février 1992[4] ne définissent pas la notion d'aides d'Etat. Tout au plus, l'article 87§1 dispose que « *sauf dérogations prévues par le présent traité, sont incompatibles avec le marché commun, dans la mesure où elles affectent les échanges entre Etats membres, les aides accordées par les Etats ou au moyen de ressources d'Etats sous quelle que forme que ce soit, qui faussent ou menacent de fausser la concurrence en favorisant certaines entreprises ou certaines productions* ».

Par conséquent, c'est la Cour de justice des Communautés européennes qui a défini la notion. Selon la Cour, doit être considéré comme une aide, « *toute mesure attribuant à une ou plusieurs entreprises un avantage appréciable en termes économiques, dès lors qu'est en cause un avantage ou un bénéfice qu'elle n'aurait pas obtenu dans les conditions normales de marché et que ledit avantage est susceptible d'améliorer sa position par rapport aux autres concurrents*[5] ».

De l'article 87§1 du Traité et de la définition de la Cour de justice des Communautés européennes, trois critères de l'aide peuvent être dégagés. Il s'agit de l'origine de l'aide, de ses destinataires et de ses effets.

---

[4] Les articles 87 à 89 du Traité de Maastricht correspondent aux anciens articles 92 à 94 du Traité de Rome du 25 mars 1957.

[5] CJCE 27 mars 1984, Commission c/ République italienne, Rec. CJCE, p. 1603. L'affaire concernait un régime d'aide à l'agriculture institué par la région de Sicile.

1) L'origine de l'aide

Pour ce qui concerne l'origine, il s'agit, selon l'article 87§1 du traité « *des aides accordées par les Etats ou au moyen des ressources d'Etats....* ». Nous reviendrons ultérieurement sur l'interprétation de ce critère.

2) Le destinataire de l'aide

Toujours selon l'article 87§1 du traité, il s'agit de « *certaines entreprises ou productions...* ». Pour la Commission et la Cour de justice des Communautés européennes, la notion est entendue de façon très large. Ainsi, le régime des aides s'applique à toute activité rémunérée qu'elle ait un caractère économique, social, culturel ou autre[6]. Plus généralement, la notion est étendue à l'ensemble des activités marchandes de production de biens ou de fournitures de services, fût-ce à titre occasionnel ou accessoire, y compris des entreprises publiques[7].

3) Les effets de l'aide

Sont concernées les aides « *qui faussent ou menacent de fausser la concurrence en favorisant certaines entreprises ou certaines productions* », article 87§1 du traité. Naturellement la concurrence s'entend sur le plan des échanges intracommunautaires. Les effets de l'aide s'apprécient de façon *in concreto*, c'est-à-dire que l'on tient compte de l'importance de l'entreprise ou de l'activité bénéficiaire, de l'influence sur le marché considéré et de l'intensité de l'aide.

---

[6] Déc. Comm. CEE n° 89/441, 21 déc. 1988, JOCE 20 juill. 1989, n° I 208, p. 38.

[7] CJCE, 15 mars 1994, Banco exterior de Espana, Rec. CJCE, p. 877. Plus spécialement, pour les entreprises publiques, CJCE 22 mars 1977, Steinike et weinling, R. 595 ; CJCE 21 mars 1991, Italie c/ Commission, R. 1603.

B) L'application du régime des aides d'Etat aux aides des collectivités territoriales

Très rapidement, le critère relatif à l'origine de l'aide (art. 87§1 du traité « *des aides accordés par les Etats ou au moyen des ressources d'Etats....* ») a été entendu de façon extensive par les instances communautaires. En effet, une interprétation trop restrictive aurait permis aux Etats membres de contourner la prohibition des aides en faisant faire par leurs collectivités locales ce qu'ils ne pouvaient faire directement. Par conséquent, toute intervention des collectivités locales qui peut être qualifiée « d'aide » est soumise au régime légal institué par le traité de Maastricht[8].

Dès lors, les exonérations fiscales accordées par les collectivités locales sont considérées comme des aides d'Etats et comme telles elles sont soumises aux incompatibilités de principe visées par le traité de Maastricht. Sur le plan local, les exonérations fiscales concernent essentiellement la taxe professionnelle et la taxe foncière sur les propriétés bâties.

Cependant, cette soumission directe au traité suppose un contrôle des instances communautaires et ce contrôle pose évidemment la question du respect de la souveraineté des Etats. Mais allons plus loin, il est permis d'affirmer que les collectivités locales, surtout si le contrôle est opéré directement par les instances communautaires, subissent une tutelle communautaire de nature à réduire sensiblement les effets de la décentralisation interne.

---

[8] 27 mars 1984, Commission c/ République italienne, Rec. CJCE, p. 1603. L'affaire concernait un régime d'aide à l'agriculture institué par la région de Sicile ; CJCE 14 oct. 1987, RFA c/ Commission, Rec. CJCE, p. 4036, pour une aide créée par un Land allemand.

II) Le régime des aides d'Etats

Le régime des aides au sens communautaire appliqué aux collectivités locales apparaît relativement rigide. En effet, s'il existe des dérogations aux règles des aides publiques, celles-ci ne concernent que rarement les collectivités locales (A). D'autre part, le contrôle des aides apparaît comme une limite au pouvoir décisionnaire des collectivités locales (B).

A) Des dérogations très limitées

Les articles 87§ 2 et 87§ 3 du traité prévoient des dérogations au principe de l'incompatibilité des aides d'Etat. Celles de l'article 87§ 2 sont des dérogations de plein droit mais elles ne concernent pas les collectivités locales[9].
L'article 87§ 3 prévoit cinq types d'aides qui peuvent être considérés comme compatibles avec le marché commun. Mais seuls trois types concernent les collectivités locales[10].

En effet, seuls les paragraphes 3c et 3d et 3e de l'article 87 sont susceptibles de concerner les collectivités locales.

Le paragraphe 3c vise les aides destinées à faciliter le développement de certaines activités ou de certaines régions économiques comme par exemple les aides aux entreprises en difficulté.

---

[9] L'article 87§ 2 du traité vise les aides à caractère social octroyées aux consommateurs et des aides destinées à remédier aux dommages causés par les calamités naturelles ou par d'autres évènements extraordinaires.

[10] Les deux premières catégories d'aides ne peuvent être octroyées que par les Etats. Elles concernent les aides destinées à favoriser le développement économique des régions dans lesquelles le niveau de vie est anormalement bas et dans lesquelles sévit un grave sous-emploi (§ 3a) ainsi que des aides destinées à promouvoir la réalisation d'un projet important d'intérêt européen commun ou à remédier à une perturbation grave de l'économie d'un Etat membre (§ 3b).

Le paragraphe 3d vise les aides destinées à promouvoir la culture et la conservation du patrimoine.

Le paragraphe 3e vise une catégorie indéterminée d'aides qui sont décidées par le Conseil des ministres européens sur proposition de la Commission.

Cependant, ces dérogations ne sont qu'apparentes car elles peuvent être déclarées incompatibles avec le marché lorsque leurs effets sont de nature à altérer le bon fonctionnement du marché communautaire. Par conséquent, il est permis d'affirmer, comme M. Kouévi, que ces dérogations sont bien timides[11].

B) Le contrôle des aides d'Etat

De façon schématique, le contrôle des aides d'Etats s'organise de façon préventive ou permanente.

En principe, les projets d'aides doivent être préalablement notifiés à la Commission (art. 88§ 3 du traité) afin qu'elle vérifie leur compatibilité avec le traité. Concernant les collectivités locales, la question s'est posée de savoir s'il devait y avoir notification préalable ou si le contrôle ne devait pas plutôt être confié aux autorités nationales[12]. Cette question se posait uniquement par rapport au problème de la souveraineté des Etats, une difficulté relayée par les collectivités qui voient dans cette obligation un régime de tutelle communautaire qui viendrait remplacer la tutelle nationale qui a, en principe, été supprimée par la loi du 2 mars 1982.

---

[11] Kouévi (A.G.), *Le droit des interventions économiques des collectivités locales*, LGDJ, collection Décentralisation et développement local, 2003, p. 272.

[12] Sur ce point, voir Kouévi (A.G). op. cit., p. 278.

Pourtant, il est aujourd'hui admis que l'article 88 du Traité oblige les collectivités locales à notifier[13] les régimes d'aides économiques aux entreprises[14]. Cependant, c'est une interprétation stricte de ce texte qui a été retenue puisque les aides individuelles n'ont pas à être préalablement notifiées. Mais il convient d'être plus précis car, en réalité, les aides individualisées aux entreprises sont quand même notifiées à la Commission. Plus exactement, ce n'est pas le projet qui est notifié mais la décision d'attribution ce qui revient au même puisque de toute façon la Commission opère un contrôle. Autrement dit, le contrôle existe mais il s'effectue *a posteriori*.

S'agissant de la transmission des projets d'aides, seules les aides nouvelles doivent faire l'objet d'une notification préalable. Cela dit, les modifications substantielles concernant un régime existant doivent être notifiées car dans cette hypothèse, il y a lieu de considérer qu'il s'agit d'une aide nouvelle. Par exemple, sont devenues des aides

---

[13] Il convient de préciser que la notification ne peut être effectuée directement par la collectivité locale. En réalité, la collectivité communique sa décision au Préfet qui ensuite la transmet aux autorités centrales.

[14] La question n'est pas anodine puisqu'une décision de la Commission en date du 16 décembre 2003 vient d'enjoindre à l'Etat Français de démanteler un régime mis en place en 1989. Ce régime codifié sous l'article 44 septies du Code général des impôts prévoyait, notamment, une exonération de taxe professionnelle et de taxe foncière sur les propriété bâties. En outre, la décision de la Commission prévoit que les aides accordées devront être remboursées par les entreprises bénéficiaires. Certes la décision prévoit des exceptions à cette obligation de remboursement mais elle permet de rappeler que la surveillance de la Commission s'exerce. Il est seulement permis de regretter le temps mis par la Commission pour s'apercevoir que ce régime de l'article 44 septies du CGI n'avait pas été préalablement notifié… Sur ce point, voir Lacour (J-P), *La Tribune* du 11 fév. 2004 ; Instruction du 4 mars 2004 ; BOI 4 H-2-04.

existantes les régimes d'exonération de taxe professionnelle[15] dès lors qu'ils ont été approuvés le 10 octobre 1984. Mais il est possible que l'impôt qui remplacera prochainement la taxe professionnelle opère des modifications importantes de la structure du régime d'aide qui obligeront à une nouvelle notification.

Ainsi, même lorsque la notification n'est pas obligatoire, la Commission exerce un contrôle permanent sur les régimes d'aides existants. De cette façon, toute évolution d'un régime d'aide existant qui, évoluant par touches successives, deviendrait très différent de ce qu'il était à l'origine pourrait être remis en cause par le Commission.

En effet, sont dispensées de notification les modifications non substantielles des régimes existants. Par ailleurs, d'autres aides en sont dispensées. Il s'agit notamment des aides de *minimis*[16] qui sont d'un faible montant, même si elles peuvent être qualifiées de nouvelles. En réalité, ici encore, ces aides d'un faible montant sont tout de même transmises à la Commission mais celle-ci n'effectue qu'un contrôle succinct,

---

[15] Art. 1464 et s. du CGI. Ces textes ont été créés par le décret n° 82-809 du 22 sept. 1982 et modifiés par le décret n° 98-572 du 7 juillet 1998.

[16] Les aides de *minimis* n'ont pas toujours été admises par la Commission et la Cour de Justice qui considéraient que *« l'importance relativement faible d'une aide ou de la taille relativement modeste de l'entreprise bénéficiaire n'exclue pas a priori l'éventualité que les échanges entre Etats membres soient affectés »* ; Espagne c/ Commission, C 278/92 à C 280/92, Rec. I, p. 4146. Voir aussi CJCE Allemagne c/ Commission, 248/84, 14 octobre 1987, Rec., p.4013. Mais la Commission a fini par évoluer et émis deux communications, l'une sur les aides en faveur des PME du 20 mai 1992, l'autre sur les aides de *minimis* du 6 mars 1996 qui admirent ces dernières. La Commission indique désormais que « *toute aide n'a pas un impact sensible sur les échanges et la concurrence entre Etats membres. Ceci vaut en particulier pour les aides dont le montant est très peu élevé et qui sont principalement, même si elles ne le sont pas exclusivement, accordées aux PME, et ce souvent dans le cadre de régimes gérés par des collectivités locales ou régionales…* »

c'est-à-dire qu'elle se borne à vérifier que leurs montants n'excèdent pas le seuil de 100 000 €[17] et qu'elles sont consenties pour une période n'excédant pas trois années.

Ainsi, en résumé, lorsque la Commission n'exerce pas de contrôle *a priori*, elle l'exerce de façon permanente. En outre, ce contrôle permanent concerne aussi les régimes d'aides existants et dans ce cas la Commission s'assure que ces régimes ne sont pas devenus incompatibles avec le marché communautaire à la suite de modifications minimes successives.

En conclusion, il est permis d'affirmer que le régime des aides d'Etat est très complexe et que finalement les contrôles communautaires ou même nationaux ne sont pas infaillibles. Il n'empêche que le système, tel qu'il existe, est de nature à restreindre très sensiblement les pouvoirs des collectivités locales en matière d'aides aux entreprises.

Cette dernière affirmation doit cependant être relativisée car la latitude des collectivités locales reste très étendue lorsqu'il s'agit de PME. Or, faut-il le rappeler, les PME-PMI représentent 95 % des entreprises françaises.

Enfin, il convient de signaler un changement d'attitude que semble amorcer la Commission à propos du régime des aides d'Etats et qui devrait élargir encore les marges de manœuvre des collectivités locales. En effet, jusqu'à présent les règles relatives aux aides d'Etats répondaient à un intérêt purement centré sur la Communauté et ses membres. L'idée majeure était que toute concurrence dommageable entre Etat de la Communauté devrait être supprimée. Cependant, une telle vision avait l'inconvénient de considérer la Communauté européenne de façon trop isolée du reste du monde. Or, la

[17] Cependant si plusieurs aides de faible montant se cumulent, l'obligation de notification réapparaît.

mondialisation et les délocalisations qu'elle engendre créent un risque de désindustrialisation au sein de la Communauté. Il semble que la Commission européenne entende tenir compte de cette évolution puisqu'elle doit adopter dans les jours prochains une communication ayant, notamment pour objet de mettre en place une « politique de la concurrence proactive pour une Europe compétitive ». Cette communication devrait annoncer une révision des règles d'encadrement des aides publiques. Quoi qu'il en soit, il semble que la concurrence en Etats membre sera, à l'avenir, admise de façon plus large, une concurrence qui devrait accroître la compétitivité des entreprises européennes par rapport aux puissances émergeantes.

Quelques exemples étrangers (autonomie faible/élevée)

Dominique Hoorens
Directeur des études Dexia – Crédit Local

Il est toujours important de savoir dans quel cadre on intervient. Simplement et parce que cela me place dans une situation un peu particulière, j'appartiens en même temps à un établissement bancaire. Nous sommes des contribuables à la taxe professionnelle et en même temps, on la connaît bien d'un certain côté du tuyau, et de l'autre côté, nos principaux clients en France, ce sont les collectivités locales qui vivent avec la taxe professionnelle. On la connaît aussi de l'autre côté du tuyau pour la caisse des collectivités cette taxe professionnelle.

Je pilote un service d'études où on livre des travaux de conjoncture sur le secteur public local français et européen. On a fait quelques ouvrages dernièrement. Vous trouverez une grande partie de nos publications et surtout les références de notre site Internet.

Je ne serais pas descriptif. J'irais directement à quelques expériences ou quelques idées que je tire de nos travaux.

Je retiens des discussions de ce matin sur la réforme de la taxe professionnelle que l'on a un fabuleux défi devant nous, pour deux raisons :

- première raison, c'est que l'on doit remplacer un impôt imbécile. Il va donc falloir que l'on trouve un jour un impôt intelligent.

- deuxième raison, on veut réformer pour corriger des défauts mais surtout en ne changeant rien. Il ne faut rien changer parce que pour les collectivités locales, elles ont besoin des ressources qu'elles ont actuellement pour fonctionner. Pour les entreprises, si on répartit autrement la taxe professionnelle, certaines risquent de payer plus et que cela pose toujours problème en France.

Pour répondre à ces deux questions-là, c'est un fabuleux défi. Je me suis demandé si en Europe, on pouvait trouver une solution.

Ce matin, j'ai trouvé qu'il y avait un certain scepticisme et découragement vis-à-vis de ces problèmes. Je viens vous apporter une bonne solution, une bonne idée pour vous rendre le moral : les autres ne font pas mieux ! Il n'y a pas d'idées géniales à tirer et cela nous réconforte parce que l'on se dit que nous ne sommes pas plus bêtes que les autres.

Pourquoi ? Qu'est-ce qu'un descriptif de la taxe professionnelle dans les autres pays européens permet de dire ? Du côté de l'assiette, qu'est-ce que l'on trouve :

- le bénéfice. C'est le cas en Allemagne et ça pose de véritables problèmes aux collectivités parce que c'est très volatile ;
- on trouve les valeurs foncières. C'est un peu ce que l'on fait ;
- on trouve la masse salariale, le nombre d'employés. C'est ce que l'on avait fait et que l'on a enlevé.

En conséquence, du côté de l'assiette, il n'y a pas grand chose d'original ; il n'y a pas grand chose de particulier qui nous permettrait de nous inspirer.

Côté réforme, retenons tout d'abord l'Allemagne. Auparavant, il y avait une taxe qui était à peu près comme la nôtre : on taxait la masse salariale et on taxait aussi les immobilisations. Les Allemands avaient décidé d'enlever cela et de ne retenir que le bénéfice. Et maintenant, ils réfléchissent pour remettre des éléments un peu plus stables. Ils reviennent un peu en arrière.

Le cas italien est sympathique aussi puisque l'on a supprimé beaucoup de petits impôts locaux qui allaient aux communes et on a créé un impôt régional qui va au bénéfice des régions. Ils sont en train de se dire qu'ils vont le supprimer petit à petit parce qu'ils trouvent que ça ne marche pas si bien que cela.

Le dernier exemple étant celui dont on parle le moins, c'est celui de la Grande-Bretagne qui est très intéressant aussi à évoquer. Vous savez qu'en Grande-Bretagne, il n'y a plus vraiment de taxe professionnelle puisque c'est maintenant un impôt national ; c'est un taux uniforme pour toutes les entreprises. Les Anglais sont en train de se dire que ce n'est peut-être pas si intelligent que cela. Laisser une flexibilité aux collectivités locales et retrouver un lien entre les collectivités et les entreprises, ce n'était pas si mal.

Tout cela pour vous dire que dans tous les pays, il n'y a pas d'immobilisme, que partout on réforme sans arrêt. C'est sans doute parce que personne n'a trouvé la solution idéale.

Tel est mon premier point sur la taxe professionnelle. Je vais essayer d'être aussi rapide sur l'autonomie.

Effectivement, dans un de nos ouvrages, nous avons essayé de calculer un degré d'autonomie des collectivités locales dans les quinze pays de l'Union européenne. Inutile de vous dire qu'en France, on ne sait pas vraiment comment qualifier l'autonomie et la calculer. Au niveau européen, c'est pire.

J'ai un petit peur que notre Constitution, un jour, devienne un plan comptable. Ce qui veut dire qu'en terme de définition, nous avons été très abrupts et nous avons essayé de calculer, par niveau de collectivités, la part des ressources sur lesquelles les collectivités disposaient du pouvoir de fixer des taux. Nous avons retenu cela comme l'autonomie et nous avons essayé de regarder. C'est très variable. La France est plutôt parmi les pays où ce degré d'autonomie est le plus élevé.
Simplement, pour éviter d'être descriptif, je vais prendre les extrêmes. Un des pays où l'autonomie est la plus faible, c'est l'Autriche. Cela nous étonne car nous avons toujours l'impression que dans les pays fédéraux, la décentralisation, c'est très bien. Et bien non ! En Autriche, c'est un système généralisé de partage d'impôts ce qui fait que la marge de décision des collectivités, et notamment des communes, est quasi nulle.

Et à l'autre extrême, on trouve la Suède. La Suède parce que les collectivités y sont financées essentiellement par un impôt local additionnel sur le revenu. Il y a un impôt national sur les revenus et les collectivités ont un taux additionnel. Ceci donne un degré d'autonomie assez important pour les collectivités locales suédoises. Il y a juste un problème, c'est que de temps en temps, l'Etat suédois dit aux collectivités : « cette année, sur le taux, vous ferez zéro ». Donc, il y a une liberté de principe mais de temps en temps, pour des régulations un peu macro-économiques dans le pays cette liberté est singulièrement limitée... Tout cela est concerté, c'est discuté entre l'Etat et les collectivités mais certaines années, malgré tout, la liberté n'existe pas.

Il faut connaître vraiment les dispositifs dans chacun des pays pour ne pas succomber à une façade de chiffres qui par moment ne veulent pas dire grand chose.

Je vous ai donc exposé les deux extrêmes ; cela m'évite de parler des quinze.

Troisième point : on peut retenir un cas très particulier qui peut, peut-être, ouvrir les yeux ; cela n'existe que dans un seul pays, c'est en Espagne et pour simplement deux communautés. Pourquoi je retiens cet exemple ? Parce que c'est peut-être l'antithèse de ce qui se passe en France dans nos conceptions, dans nos réflexions : il y a deux communautés autonomes en Espagne où les collectivités locales votent toute la fiscalité et en reversent une partie à l'Etat. En ce qui nous concerne, on imagine toujours les choses dans l'autre sens. Il faut savoir qu'il y a des pays qui ont expérimenté les choses dans l'autre sens. Ce n'est peut-être pas idiot. Il faut peut-être avoir l'esprit large et se dire qu'il y a des choses comme cela qui semblent complètement opposées à nos pratiques et cela peut ouvrir, peut-être, à d'autres horizons.

J'en viens à ma conclusion. J'aurais trois idées ou trois suggestions :

Premièrement, si on veut réformer notamment la taxe professionnelle, il faut le faire avec toutes les personnes concernées ; c'est à dire arriver à faire un certain consensus Etat / collectivités locales et entreprises car les trois sont concernés. On l'a vu : l'Etat est le premier contribuable à la taxe professionnelle. En outre, il y a des liens évidents entre les entreprises et les collectivités, ... Il serait donc bien d'arriver à dégager un consensus entre les trois intervenants concernés par cette taxe professionnelle.

Deuxièmement, il faut se dire que l'on tendance à segmenter toujours nos réformes et que cette réforme de la taxe professionnelle sera peut-être plus facilement assimilable si on raisonne en bloc entier de fiscalité, et notamment en considérant qu'un certain nombre de dotations de l'Etat peuvent très bien venir pour les collectivités compenser tel ou tel impact d'une réforme. Grossièrement, si on change les assiettes fiscales, si on change la localisation de la ressource, la dotation de l'Etat peut compléter. Là où on a plus de ressources fiscales, on donne moins de dotations et là où on a moins de ressources fiscales à cause de la réforme, on donne plus de dotations. Ce que je dis paraît simpliste mais actuellement, on segmente toutes les réformes sans essayer de se dire quelles réformes peuvent se nourrir mutuellement.

Troisièmement, il ne faut pas oublier que cette réforme de la taxe professionnelle se situe à un moment très important dans un processus renouvelé de la décentralisation. Il faut sans doute lier les deux. Il est très compliqué pour le secteur local en ce moment de se dire que l'on va réformer la fiscalité locale et notamment la taxe professionnelle alors qu'au même moment, on transfère des compétences nouvelles, aux départements et aux régions.

Cette réforme de la taxe professionnelle doit se situer dans un axe très large d'extension des compétences locales et peut-être faudrait-il imaginer un système de partage des grands impôts entre l'Etat et les collectivités locales. Parce qu'il ne faut pas oublier une chose, c'est que l'on a peur, par moment, que la décentralisation coûte plus cher. C'est souvent ce qui est craint. Chacun pense : on va décentraliser ; tout cela va conduire à une augmentation des dépenses publiques et des prélèvements obligatoires. C'est une véritable question. Pour ma part, je vous conseille juste de regarder un instrument économique qui s'appelle les Comptes de la nation. Dans les Comptes de la nation, vous avez un indicateur qui s'appelle les prélèvements obligatoires. Prenez une série longue. Additionnez les prélèvements obligatoires de l'Etat et des collectivités locales depuis 20 ans. Cela étonnera peut-être tout le monde mais ils sont en baisse, par rapport au PIB bien sûr.

Conclusion, les prélèvements obligatoires de l'Etat et des collectivités locales, en 20 ans, sont en baisse.

Ce qui est important, c'est le total. Effectivement, les prélèvements obligatoires des collectivités ont augmenté. Ceux de l'Etat ont baissé et cela me paraît logique dans un contexte de décentralisation. Mais au total, cela n'a pas augmenté. C'est un indicateur à avoir en tête pour se dire que l'augmentation des prélèvements obligatoires n'est pas automatique avec la décentralisation. Ce qui est important c'est l'affectation, et la réaffectation, des prélèvements obligatoires.

Nature et perspectives de la fiscalité locale

Sous la présidence de

Jean-Paul Vermes

Président de la commission fiscale de la chambre de commerce et de l'industrie de Paris

Le débat relatif à la fiscalité locale est récurent, et politique, avec des enjeux financiers que l'on ne peut négliger. En conséquence, les velléités de réformes sont difficiles à conclure. Pour ne prendre qu'un exemple, chacun sait que les valeurs locatives qui servent d'assette aux taxes foncières, à la taxe d'habitation et en partie à la taxe professionnelle sont obsolètes. La loi du 30 juillet 1990 avait posé le principe d'une révision générale des évaluations cadastrales et renvoyé à une loi ultérieure le soin de déterminer la date d'entrée en vigueur de cette révision. Les simulations réalisées à cette occasion, dans tous types de communes, ont mis en évidence que cette opération aboutirait à des transferts entre contribuables dans des conditions très inéquitables. En conséquence, on a considéré qu'il était urgent d'attendre. C'est ce que l'on fait depuis 14 ans...

Aujourd'hui les perspectives de réforme ou de remplacement de la taxe professionnelle, dans un contexte de nouveaux transferts de compétences aux collectivités territoriales, conduit les uns et les autres à s'interroger sur ce que doit être l'impôt local.
Le contexte institutionnel et financier change.

L'intercommunalité notamment, avec les établissements publics de coopération intercommunale, se trouve consolidé. Une série de mesures permet d'améliorer et de simplifier le fonctionnement de ces établissements, tout en cherchant à optimiser l'exercice des compétences. Des dispositions permettent d'assouplir les relations financières entre les communes et ces établissements en permettant une plus grande adaptation à la diversité des situations locales. Le principe d'une péréquation financière destinée à favoriser l'égalité entre les collectivités territoriales est constitutionnalisé.

Dans ces conditions, il n'est pas inutile de s'interroger à la fois sur la nature et les perspectives de la fiscalité locale.

Contribution au débat

Jean-Paul Vermes
Président de la Commission fiscale de la chambre de commerce et d'industrie de Paris

Ouvert par une loi constitutionnelle adoptée en mars dernier, le grand chantier législatif de la décentralisation matérialisera une des grandes orientations de la politique gouvernementale.

Ce nouvel ordonnancement de nos pouvoirs publics a rendu nécessaire une réflexion sur l'avenir de la fiscalité locale, ce que nous qui nous amène, pour conclure cette journée, à réfléchir dans cette table ronde sur sa nature et les perspectives.

Je ne me substituerai pas aux éminents spécialistes de la question à qui je vais laisser la parole dans un instant.
Toutefois, je vous indiquerai quelques réflexions personnelles, en ma double qualité de chef d'entreprise et de président de la commission fiscale de la CCIP, auteur d'un rapport sur le sujet.

Il nous est apparu, en effet, en examinant le système de financement des collectivités locales et l'édifice historique des impôts locaux, que ce système semble avoir aujourd'hui atteint ses limites.

Comme nous l'avons constaté au cours de cette journée, les impôts locaux sont fortement critiqués, car les bases en sont archaïques et injustes, le dispositif est peu lisible pour le contribuable, et tout à la fois peu satisfaisant pour les collectivités locales elles-mêmes.

Je ne reviendrai pas sur ces points.

Mais vers quoi nous orientons nous pour l'avenir ?

Il est en tous cas indispensable que la nouvelle étape de la décentralisation actuellement en cours soit l'occasion d'une profonde réforme, permettant la rationalisation des prélèvements et subventions, l'amélioration de l'autonomie des collectivités locales, et la maîtrise de la pression fiscale.

De quelle manière assurer cela ? Les exemples étrangers démontrent l'ampleur du problème et la diversité des solutions. Ce débat doit être abordé sans a priori, de façon à proposer un schéma renforçant l'autonomie fiscale des collectivités territoriales, tout en favorisant l'indispensable mouvement de repli des prélèvements obligatoires globaux.
Enfin, l'effort fiscal ne doit pas reposer sur une seule catégorie de contribuables, en particulier les entreprises.

Sans vouloir aucunement donner de solution miracle, nous devons réaffirmer un certain nombre de principes de nature à guider la recherche de solutions.

Pour ce qui est des principes généraux, notre rapport rappelle notre engagement fort pour une réelle décentralisation des décisions et des pouvoirs. Comment pourrait-il en être autrement s'agissant d'une chambre de commerce puisque nos compagnies consulaires ont été historiquement aux avant postes dans la conquête des libertés locales ? Comment pourrait-il en être autrement puisqu'elles ont été, depuis deux cents ans pour ce qui nous concerne, l'exemple de ce que l'économie et le développement ont à gagner avec la mise en place de structures proches du terrain et comptables de leurs actes devant leurs mandants ?

Sur la mise en œuvre pratique, quelques lignes directrices nous semblent devoir guider les réflexions futures du législateur.

- Premier principe :

Nous optons courageusement pour que soit confortée l'autonomie fiscale locale et pour que cesse impérativement le mouvement de recentralisation qui transforme impôts locaux en subventions d'Etat. Nous prenons cette option parce que nous avons confiance dans les élus locaux français et dans les effets de la proximité élu/contribuable, parce que c'est la seule voie pour sortir du système actuel dont les éléments protecteurs deviennent inefficaces et illusoires, et enfin, parce que c'est la seule qui ménage un avenir à la concurrence fiscale des territoires, ferment de modération, au moins en théorie.

Mais il nous paraît indispensable que cette liberté soit encadrée, à tout le moins pour le vote des impôts, existants ou à naître, frappant l'entreprise.

- Deuxième principe :

Les transferts de compétences doivent être financés par le transfert d'impôts d'Etat.

Ce principe est le seul qui permette de garantir que les moyens financiers qui seront nécessaires à l'exercice des nouvelles compétences dévolues aux collectivités territoriales ne se traduiront pas par un alourdissement des prélèvements obligatoires. En d'autres termes si l'Etat abandonne certaines des prérogatives qu'il exerce actuellement pour les confier à des organes décentralisés, il paraît rationnel qu'il se sépare dans le même temps des ressources correspondant au coût de ces missions.

Si ce principe peut paraître simple à énoncer, sa mise en œuvre pratique peut s'avérer des plus délicates.

Ce point a fait l'objet de débats complexes au sein de notre compagnie consulaire, et nos pistes se sont orientées à la fois vers un prélèvement du type CSG (on pourrait le baptiser ILG « impôt local généralisé ») et vers l'attribution d'une fraction de la TIPP aux collectivités concernées, comme prévu par la future loi organique.

L'imposition locale généralisée (ILG) présenterait l'avantage d'atteindre tous les contribuables, contrairement à l'impôt sur le revenu, et selon un taux proportionnel et non progressif.
Cette piste est soutenue par un certain nombre de parlementaires dont par exemple M. de COURSON, député de la Marne.

Une telle voie ne serait évidemment acceptable qu'à prélèvements constants, c'est-à-dire qu'à la condition que l'impôt sur le revenu prélevé nationalement diminue au moins à due concurrence. Elle présente aussi l'avantage, contrairement à la TIPP, d'épargner l'entreprise qui contribue déjà largement aux budgets locaux.

Elle est une voie prometteuse pour remplacer les actuels impôts locaux prélevés sur les ménages.

- Troisième principe :

Les compétences actuelles doivent être financées avec les moyens existants aujourd'hui mais à l'aide d'instruments fiscaux rénovés.

Au centre de cette rénovation nous devons trouver évidemment la taxe professionnelle.
Ce qui était en mars dernier une réflexion et des souhaits s'est transformé aujourd'hui en impérative obligation, le Président de la République ayant décidé de prendre les devants et de nous forcer, en quelque sorte, à faire aboutir nos réflexions.

Le contexte ayant radicalement changé, nous devons aujourd'hui trouver une solution novatrice et imaginative.

Le Phénix « impôts locaux »

Thierry Lambert
Professeur à l'université de Paris 13
Directeur du centre d'études et de recherches administratives et politiques

Le constat concernant la fiscalité locale est unanimement partagé[1]. Elle est inadaptée aux collectivités locales, au motif qu'elle ne leur assure pas des ressources suffisantes, mais aussi aux contribuables, personnes physiques ou morales, car elle se soucie assez peu de la capacité contributive des uns et des autres. Elle est peu lisible car les contribuables sont souvent dans l'incapacité d'identifier clairement la part qui revient aux communes et autres collectivités territoriales. Elle est ressentie, et dénoncée, comme une ponction financière importante pour les contribuables, sans oublier qu'elle représente un coût budgétaire croissant pour l'Etat. Enfin l'absence de courage politique à faire évoluer les bases, ou à en définir d'autres, fait que celles-ci sont aujourd'hui obsolètes.

Si chacun s'accorde à considérer que le système tel qu'il se présente est usé, on peut diverger quant aux raisons qui ont conduit à cette situation. La sédimentation législative a tenu lieu de méthode. Chaque loi de finances apporte son lot d'aménagements, de dérogations, de cas particuliers. Au fil du temps les principes, l'économie générale du dispositif, sont oubliés au profit d'une collection de régimes dérogatoires dont on peut discuter de la pertinence et de

---

[1] Il y a plus de quinze ans déjà le constat était fait par Rondin (J), *Le sacre des notables. La France en décentralisation*, Fayard, collection : L'espace du politique, 1985, pp. 93 - suivantes.

l'efficacité[2]. La multiplicité des échelons locaux et la fragmentation communale[3] ont des exigences financières et fiscales, leur survie en dépend, qui ne sont pas à l'unisson des économies d'échelle qui pourraient être faites. En outre, les compétences croisées rendent peu intelligible l'organisation territoriale. Aujourd'hui toutes les collectivités sont impliquées sur tous les fronts à la fois: économique, social, culturel, transports et beaucoup d'autres choses encore. Loin de se désengager les collectivités s'impliquent de plus en plus dans ces politiques, mouvement conforté par les perspectives de décentralisation. Même si par expérience les élus locaux sont réservés quant à l'importance des transferts financiers de l'Etat, les citoyens pour leur part ne sont pas hostiles à cette évolution qui doit les rapprocher des décideurs, mais ils ne sont pas enthousiastes à l'idée de financer ces politiques par une augmentation des impôts locaux tels qu'ils sont.

Dans cette situation le choix, l'alternative, est entre poursuivre le mouvement de nationalisation des impôts locaux dont le point ultime serait de faire disparaître la caractéristique locale aux contributions, ou refonder cette fiscalité en lui donnant un ancrage territorial fort et légitime. La réponse qui sera apportée ne pourra qu'être imparfaite et discutable tant les enjeux sont différents d'une collectivité à l'autre. Mais peut-être faut-il attendre, tel le Phénix[4], que la fiscalité locale renaisse de sa cendre ?

---

[2] Concernant les pérégrinations de la taxe professionnelle, sujet exemplaire, sur une longue période, 25 an, lire Hayat (M), *Taxe professionnelle. Naissance et transformation d'un impôt à travers 25 ans de réformes*,, Economica, collection : Entreprise et perspectives économiques, 2003, 288 pages.

[3] Gilbert (G) et Guengant (A), « L'émiettement communal et la fiscalité », *Pouvoirs*, 1990, 60, pp. 85 - 98.

[4] Le Phénix est un oiseau fabuleux, unique en son espèce, qui, dit-on, vivait plusieurs siècles et qui, brûlé, renaissait de sa cendre. Le Littré, 2000.

I) Les symptômes d'une mort annoncée

Au milieu des années quatre vingt « l'explosion des impôts locaux »[5] a retenu l'attention au motif que nous étions, à l'époque déjà, face à de nombreuses difficultés du système lui-même qui n'arrivait à subsister que parce que l'Etat acceptait de prendre à sa charge une part croissante des cotisations réclamées aux contribuables. Cette tendance lourde, structurelle, s'est trouvée confirmée dans les faits depuis cette date. La fiscalité locale mourra-t-elle faute d'avoir su la réformer ? A bien des égards on peut le penser.

L'échec à réformer la valeur locative cadastrale est tout à fait exemplaire. Il n'est pas inutile de rappeler que celle-ci correspond au loyer annuel théorique que pourrait produire un immeuble bâti ou non bâti, s'il était loué dans des conditions normales. Cette valeur a été calculée à partir des conditions du marché locatif de 1970 pour les propriétés bâties, de 1961 pour les propriétés non bâties. La loi du 30 juillet 1990[6] avait posé le principe d'une révision générale des évaluations cadastrales et renvoyé à une loi ultérieure le soin de déterminer la date d'entrée en vigueur de celle-ci. Les simulations réalisées à cette occasion avaient mis en évidence d'importants transferts de charges entre contribuables. La mise en œuvre de la réforme avait alors été différée, puis

---

[5] Klein (J-S), *L'explosion des impôts locaux*, La Documentation Française, collection : Notes et études documentaires, 1986, 144 pages.

[6] Loi n°90-669 du 30 juillet 1990 qui compte pas moins de 59 articles est relative « à la révision générale des évaluations des immeubles retenus pour la détermination des bases des impôts directs locaux », Journal officiel, 1er août 1990, pp 9271 - 9279. Elle avait fait l'objet d'une décision du Conseil constitutionnel n°90-227 du 25 juillet 1990, Journal officiel, 27 juillet 1990, pp. 9021 - 9023. Pour un commentaire circonstancié on consultera Les notes bleues du Ministère de l'Economie, des finances et du budget, 26 novembre - 2 décembre 1990, 516.

finalement abandonnée en 1998. Comment penser un seul instant que la réforme de la fiscalité locale se fasse sans « gagnants » et sans « perdants » ? sauf à ne rien faire. Au transfert de charges invoqué s'ajoute les impératifs du calendrier électoral qui rendent difficile la réalisation d'une réforme de grande ampleur.

A) Des impôts à tout faire

Il est un fait que « la Constitution ne consacre ni l'existence d'un pouvoir fiscal autonome ni même l'exercice des compétences fiscale locales »[7]. Dans ces conditions il n'y a aucun obstacle à faire des impôts directs locaux des outils, au même titre que les aides et subventions, au service d'une politique dont la définition échappe aux élus locaux.

Ce sont des considérations de politique sociale appréciée dans un cadre national qui ont conduit le législateur, par exemple, à accorder aux personnes de condition modeste soit une exonération soit un dégrèvement d'office de la totalité de la taxe d'habitation afférente à leur habitation principale[8]. Ce sont les mêmes raisons qui ont poussé le législateur à mettre en place un mécanisme au terme duquel les contribuables qui ne bénéficient pas des mesures précédentes et qui ont disposé de faibles revenus l'année précédant celle de l'imposition à la taxe d'habitation sont dégrevés d'office de la taxe afférente à leur habitation principale pour la fraction de leur cotisation qui excède un certain seuil[9].

---

[7] Philipp (L), « Le pouvoir fiscal local bénéficie-t-il d'une protection constitutionnelle ? », *Pouvoirs locaux*, 2000, 46, pp. 60 - 65.
[8] Article 1414 - I -III et IV du Code général des impôts.
[9] Article 1414 - A du Code général des impôts.

En matière de taxe sur les propriétés bâties, certains contribuables sont exonérés pour des considérations économiques, ceci vaut notamment pour les bâtiments qui servent aux exploitations rurales tels que les granges, écuries et autres lieux servant à loger les bestiaux des fermes et à serrer les récoltes[10]. L'exonération pendant deux ans de la taxe foncière sur les propriétés bâties concernant les constructions nouvelles, reconstructions et additions de constructions[11] peut être comprise comme un encouragement, limité mais parmi d'autres, à la construction. Ce sont aussi des raisons sociales qui ont motivé, au profit des personnes âgées et de condition modeste, l'exonération de taxe foncière sur les propriétés bâties afférente à leur habitation principale, dès lors qu'elles remplissent un certain nombre de conditions[12]. Les exonérations totales de taxe foncière sur les propriétés bâties visent, entre autre chose, les propriétés publiques de l'Etat, des collectivités territoriales et de certains établissements et organismes publics affectés à un service public ou d'utilité générale et improductives de revenus[13]. Des raisons économiques permettent de comprendre que certains terrains, plantés ou replantés avec certaines espèces, soient exonérés de cette taxe de façon temporaire[14]. Par contre, le fait que les propriétés agricoles soient exonérées des parts départementales et régionales de cette taxe, ainsi que des taxes spéciales d'équipement[15], n'est pas de nature à nous permettre d'avancer une explication cohérente et convaincante.

[10] Article 1382 - 6 du Code général des impôts.
[11] Article 1383 du Code général des impôts.
[12] Articles 1390 - 1391 et 1391 - B du Code général des impôts.
[13] Articles 1394 et 1599 Ter - B du Code général des impôts.
[14] Articles 1395 et 1395 - B du Code général des impôts.
[15] Articles 1586 - D, 1599 ter - D, 1599 quinquies - I et 1607 du Code général des impôts.

Que ce soit en matière de taxe d'habitation ou de taxes foncières les élus locaux n'ont pas la maîtrise de l'arsenal, dont la complexité n'est plus à démontrer, visant à exonérer en totalité ou en partie des contribuables dés lors qu'ils remplissent les conditions fixées par le législateur. Cette observation vaut, avec une acuité particulière, pour la taxe professionnelle. En effet, depuis sa création le législateur n'a eu de cesse que de reprendre à son compte des arguments économiques, sociaux, financiers ou liés à l'aménagement du territoire pour justifier, année après année, une politique d'exonération et vider de sa substance cet impôt.

La liste des exonérations permanentes, que l'on oublie parfois, est impressionnante. Sont exonérées toutes les personnes physiques ou morales qui exercent une activité agricole[16], les artisans et façonniers lorsqu'ils travaillent seuls ou avec le concours d'une main d'œuvre familiale[17], certaines activités industrielles ou commerciales[18], des activités non commerciales[19] et quelques autres encore. Ces exonérations permanentes s'appliquent de plein droit, sur l'ensemble du territoire, aux contribuables qui remplissent les conditions.

A cela s'ajoute des exonérations temporaires liées à l'aménagement du territoire[20]. Le principe est que les entreprises sont susceptibles de bénéficier d'une exonération temporaire de taxe professionnelle lorsqu'elles procèdent, dans des zones bien délimitées du territoire à des opérations précises, notamment la création, l'extension ou la décentralisation d'activités industrielles ou de recherche

---

[16] Au sens de l'article 63 du Code général des impôts

[17] Articles 1452 à 1455 du Code général des impôts.

[18] Articles 1456 à 1458 et 1463 du Code général des impôts.

[19] Article 1460 - 2 à - 7 du Code général des impôts.

[20] Plagnet (B), « Le régionalisme fiscal ou l'émiettement ? », *Bulletin Fiscal Francis Lefebvre*, 2003, 11, pp. 797 - 807.

scientifique[21]. L'objectif national, qui dépasse l'espoir souvent déçu des élus locaux, est de revitaliser au plan industriel certaines zones urbaines ou rurales. Soulignons que ces dispositions trouvent leur place dans un ensemble de mesures visant à définir une politique en faveur de quartiers réputés difficiles, ou de zones défavorisées. Il pourrait être utile de mesurer l'impact, sur la vie économique et sociale, de toutes ces décisions prises par le législateur, généralement après des débats très vifs, et qui s'imposent aux collectivités territoriales. Il est surprenant que cette appréciation ne soit pas possible car, comme le fait observer le Conseil des impôts, « il manque une information d'ensemble sur les régimes dérogatoires en matière de fiscalité locale »[22]. Cette situation est d'autant plus regrettable que les assemblées délibérantes peuvent, sans être pleinement informées de l'impact de leur décision, voter des exonérations fiscales. Pour ne prendre qu'un exemple, les collectivités peuvent exonérer de la taxe foncière les entreprises nouvelles, au titre des deux années suivant celle de leur création. Mais nous ne savons rien quant aux effets induits par une mesure de cette nature.

B) La nationalisation des impôts locaux

On oublie parfois que l'Etat prend en charge les dégrèvements et admissions en non valeur, c'est-à-dire des contributions dues par les contribuables aux collectivités locales mais non réglées par eux. Il peut arriver que des contribuables aient à souffrir des aléas de la vie et soient dans l'impossibilité de payer leurs impôts locaux. L'administration peut accorder des remises ou des modérations. Parfois, ce

[21] Articles 1465 et 1466 du Code général des impôts.
[22] Conseil des impôts, La fiscalité dérogatoire. Pour un examen des dépenses fiscales, Journaux Officiels, 2003, p. 32.

sont les élus eux mêmes qui incitent leurs administrés à solliciter des mesures de bienveillance de la part des services fiscaux et fournissent, dans les journaux municipaux et par affichage public, les indications utiles à cette démarche. Les collectivités ne perdent pas le produit fiscal qui est intégralement versé par l'Etat. En effet, les dégrèvements sont inclus dans les produits des quatre taxes votés par les collectivités dans le cadre de leur budget.

Outre cette contribution, l'Etat verse aussi des compensations, qui sont des allocations annuelles pour compenser les pertes de recettes fiscales entraînées par les exonérations et allégements de bases décidés par le législateur. Avec ce mécanisme les élus perdent la maîtrise de leur politique fiscale, mais la compensation reste liée au montant des ressources fiscales que percevait la collectivité avant l'exonération.

La suppression, sur cinq années, de la part « salaires » des bases de la taxe professionnelle par la loi de finances initiale de 1999 est une illustration de ce mécanisme de nationalisation de la fiscalité locale, sachant que l'article 44 de la loi précitée a institué une compensation de la perte de recette occasionnée aux collectivités locales, groupements de communes à fiscalité propre et fonds départementaux de péréquation de la taxe professionnelle (FDPTP). Cette compensation, versée sur prélèvements sur recettes, est indexée selon le taux d'évolution de la dotation globale de fonctionnement. Il était initialement prévu qu'à compter de 2004 cette compensation soit intégrée, purement et simplement, à la dotation globale de fonctionnement et évaluée comme cette dernière. Le législateur n'a cependant pas précisé les modalités de cette intégration, « qui s'applique à une masse de compensation atteignant, en 2003, 2 231 M€ pour les communes, 3 456 M€ pour les groupements de communes, 2 443 M€ pour les départements,

725 M€ pour les régions et 107 M€ pour les FDPTP »[23]. La loi de finances pour 2004, conformément aux principes posés par celle de 1999, prévoit l'intégration de la compensation de la suppression de la part « salaires » dans la dotation globale de fonctionnement, qui a été modifiée pour l'occasion.

Le mouvement de nationalisation affecte la fiscalité locale dans son ensemble, et n'épargne pas la taxe d'habitation. A cet égard, le sénateur Yves Fréville observe : « la taxe d'habitation n'est plus un vrai impôt local : la moitié des contribuables ne paient plus ou ne paie que partiellement cet impôt qu'en fonction de leurs revenus, sans que subsiste un quelconque lien avec l'impôt sur l'habitation voté par les collectivités locales »[24]. Pour l'auteur, il s'agit d'une « nationalisation partielle de la taxe d'habitation », dont « les allégements individuels transforment partiellement la taxe d'habitation en un impôt sur le revenu »[25].

S'il est incontestable que l'Etat en 2002 a financé 29,4% des ressources départementales et communales de la taxe d'habitation, abstraction faite de la compensation de la suppression de la part régionale[26], on peut s'interroger sur la nature et la portée du transfert. Soit on a une conception exclusivement comptable des choses, et l'on considère qu'il s'agit d'une simple et exclusive compensation financière. Soit on a une conception un peu plus économique à l'image du sénateur Fréville lorsqu'il écrit : « bien que les dégrèvements législatifs de taxe d'habitation aient le

---

[23] Réponse à la question écrite n°15979, Mme Chantal Brunel, Journal officiel - Assemblée nationale, 2 mars 2004, pp. 1626 - 1627.

[24] Freville (Y), Rapport d'information n°71 fait au nom de la Commission des finances, du contrôle budgétaire et des comptes économiques de la Nation sur les dégrèvements d'impôts locaux, Journal officiel, Sénat, 19 novembre 2003, p. 9.

[25] Idem. p. 14.

[26] Idem. p. 28.

caractère d'aides individuelles accordées par l'Etat à certains contribuables, ils équivalent à une subvention accordée aux collectivités locales où résident ces contribuables. Ces subventions sont « implicites » en ce sens qu'elles ne sont pas connues des collectivités locales bénéficiaires puisqu'elles ne figurent pas dans leurs budgets ; elles diffèrent en cela des compensations d'exonérations qui sont des subventions « explicites inscrites en recettes budgétaires ; mais économiquement, ces deux types d'allégements de taxe d'habitation sont de même nature et doivent être analysés ensemble »[27]. Nous touchons là un aspect essentiel car les subventions « implicites » ou « explicites » se complètent et seront toujours jugées insuffisantes. Les élus n'hésitent pas à faire beaucoup auprès de leurs administrés afin qu'ils obtiennent les premières et savent, quant à eux, se mobiliser avec énergie pour arracher les secondes. La nationalisation de la fiscalité locale génère un discours à double face : l'une pour dénoncer l'atteinte faite au principe de libre administration des collectivités territoriales, l'autre pour demander plus de compensations et de subventions. Ce système a vécu.

II) La renaissance de la fiscalité locale

Si l'on exclut l'hypothèse que la fiscalité locale doive disparaître[28], au profit des seules dotations de l'Etat, il n'y a pas d'autre solution que de la refonder, en l'ancrant sur des territoires administrés par des assemblées élues au suffrage universel direct. Mais tout semble se passer comme si l'on devait faire cette immense tâche sans toucher à l'organisation territoriale. Peut-être faudrait-il songer à inverser l'ordre des

---

[27] Idem. p. 61.

[28] Trannoy (A), « Les impôts locaux doivent-ils disparaître ? », *Pouvoirs locaux*, 1997, 32, pp. 67 - 77.

choses et s'interroger au préalable sur la taille et le niveau pertinent de nos collectivités. Ne pourrait-on diluer nos conseils généraux dans des structures intercommunales élues au suffrage universel direct ? Quand arrêterons-nous de penser la région par la simple addition de départements, avec un mode de scrutin qui conforte la départementalisation ?[29].

Dès lors qu'il semble acquis que l'on ne touchera à rien sur le plan institutionnel, si ce n'est ajouter des structures de coopération, on est condamné à rechercher des aménagements et à écarter toute hypothèse alternative radicale. Ajoutons, après d'autres, que « la montée en puissance des structures de coopération intercommunale à fiscalité propre mais non issues du suffrage universel direct ne contribue pas à clarifier la situation »[30]. Chacun s'accorde à dire qu'il faut garder un lien entre l'électeur, contribuable local, et les élus même si tous les contribuables locaux, notamment les entreprises, ne sont pas des électeurs[31]. Les élus locaux, dont aucun ne manque d'ambition et de projets, doivent être en mesure de définir une politique fiscale locale tant il est vrai qu'avant d'être une technique, la fiscalité est d'abord un fait politique[32].

---

[29] Le scrutin régional avec des « sections départementales », mis en œuvre en 2004, ne change rien à l'affaire.

[30] Uguen (J-L), Cuillandre (J-F), « La schizophrénie du citoyen – contribuable », *Pouvoirs locaux*, 1997, 32, pp. 103 - 107.

[31] Fourcade (J-P), « Quelles réformes pour les finances locales ? », *Pouvoirs locaux*, 2002, 54, pp. 85 - 87.

[32] Bouvier (M), « Autonomie fiscale et libre administration des collectivités locales », *Revue française de finances publiques*, 2003, 81, pp. 27 - 41.

A) Des clarifications incertaines

Nous ne pouvons pas ignorer que le cadre juridique dans lequel nous sommes ait changé. Désormais l'article 72-2 de la Constitution[33] affirme : « Les recettes fiscales et les autres ressources propres des collectivités territoriales représentent, pour chaque catégorie de collectivités, une part déterminante de l'ensemble de leurs ressources. La loi organique fixe les conditions dans lesquelles cette règle est mise en œuvre ». On peut penser que cette disposition apporte une garantie constitutionnelle à l'autonomie financière des collectivités territoriales, sous réserve que la loi organique précise et définisse le contenu des éléments utilisés pour la déterminer. Certains auteurs, non sans raison, ont pointé « l'ambiguë constitutionnalisation des finances locales », considérant que « le constituant nous livre, en effet, une formule destinée à produire des effets de droit alors que sa définition, voire sa simple compréhension, plonge le lecteur dans une grande perplexité et alors que sa portée utile est loin d'être aussi univoque que l'espèrent ses auteurs »[34].

La loi organique relative à l'autonomie financière des collectivités territoriales nous apporte une certitude et beaucoup d'inquiétudes. Il est acquis que le niveau d'autonomie atteint en 2003 constitue un seuil au-dessous duquel ne peut être ramenée la part des recettes fiscales et autres ressources propres. Cette référence permet de garantir un minimum. Les inquiétudes sont liées à l'exposé des motifs de l'article 3 de la loi organique précitée. Celui-ci affirme : « il reviendra au Conseil constitutionnel, au regard des

---

[33] Cette rédaction résulte de l'article 7 de la loi constitutionnelle n°2003-276 du 28 mars 2003 relative à l'organisation décentralisée de la République.

[34] Hertzog (R), « L'ambiguë constitutionnalisation des finances locales », *A.J.D.A.*, 24 mars 2003, pp. 548 - 558.

compétences des collectivités, de vérifier que le niveau de ressources propres de chaque catégorie de collectivités est suffisant pour garantir la libre administration de celles-ci ».

Le Conseil constitutionnel a déjà eu l'occasion de se prononcer au moment de l'examen de l'article 44 de la loi de finances pour 1999, qui supprimait progressivement la fraction des salaires incluse dans la base d'imposition de la taxe professionnelle. Les auteurs de la saisine faisaient valoir que le dispositif portait atteinte à la libre administration des collectivités locales en retirant à celles-ci une part non négligeable de leur pouvoir fiscal, et soutenaient qu'elles allaient subir un manque à gagner en raison du mode d'indexation retenu pour la compensation. Autrement dit et très concrètement : le seuil est-il dépassé par un dispositif qui supprime le sixième du pouvoir fiscal des collectivités territoriales[35]. Le Conseil constitutionnel a considéré qu'il n'en était rien aux motifs que ces règles n'ont pour effet ni de diminuer les ressources globales des collectivités locales ni de restreindre leurs ressources fiscales au point d'entraver leur libre administration. Antérieurement à cette décision, qui ne fait que confirmer la jurisprudence, le Conseil constitutionnel avait précisé qu'un tel effet peut être mesuré par l'importance du prélèvement par rapport à l'ensemble des recettes de fonctionnement du budget de la collectivité concernée[36].

Concernant le rôle que l'on entend faire jouer au Conseil constitutionnel[37] afin qu'il apprécie le niveau de ressources propres pour chacune des collectivités, trois remarques

[35] Schoettl (J-E), « Commentaire de la décision n°98-405 DC du 29 décembre 1998 », *A.J.D.A.*, 20 janvier 1999, pp. 14 - 20.
[36] DC 91-298 du 24 juillet 1991, Revue de jurisprudence fiscale, 1991, 11, comm. 1435.
[37] Hertzog (R), « L'autonomie fiscale des collectivités territoriales : beaucoup de bruit ... pour quoi ? », *A.J.D.A*, 17 novembre 2003, p. 2057.

s'imposent. D'une part, on peut s'interroger sur la méthode qu'il entend suivre. Sera-t-il très explicite sur les critères retenus ou devra-t-on se contenter de gloser sur des décisions prises au nom de l'équité, principe au contenu jamais défini ? D'autre part il est à craindre qu'une fois les décisions rendues, elles soient de nature à figer les choses pendant très longtemps. Enfin, on peut se demander s'il appartient bien au Conseil constitutionnel de se livrer à ce genre d'exercice.

Une autre clarification semble pour le moins incertaine, elle concerne la péréquation. Désormais l'article 72-2 de la Constitution dispose : « la loi prévoit des dispositifs de péréquation destinés à favoriser l'égalité entre les collectivités territoriales ». Ainsi le principe de la péréquation est constitutionnalisé avec un objectif : « favoriser l'égalité » dont on sait qu'elle ne peut qu'être imparfaite. Si l'on veut atteindre cet objectif il faut mettre en place des mécanismes qui donnent à la péréquation un sens. Si au contraire on souhaite un peu plus d'équité, c'est-à-dire un peu moins d'inégalité entre collectivités, quelques retouches au système existant peuvent faire l'affaire[38]. Les difficultés ont été clairement exposées : « on ne trouvera jamais la batterie de critères permettant de répartir parfaitement les montants dédiés à la péréquation ou, plus généralement, aux dotations »[39].

---

[38] Lambert (T), *Péréquation : alibi ou nécessité ? Liberté de gestion des collectivités territoriales. Vérité ou illusion?* (ouvrage collectif), Economica, 1993, pp. 111 - 121.

[39] Hoorens (D), « Péréquation : passer la main, tendre la main ou se prendre par la main ? », *Revue française de finances publiques*, 2003, 82, pp. 167 - 170.

En 1989 déjà, le Conseil des impôts pointait « l'échec des mécanismes de péréquation »[40] en raison de la portée limitée des effets de la redistribution, mais aussi parce qu'elle exerce bien souvent une influence marginale dans la répartition de certaines dotations. La même institution en 1997, à propos de taxe professionnelle, soulignait la complexité des dispositifs de péréquation et l'absence d'effet correcteur des mécanismes péréquateurs[41]. En réalité la péréquation est d'abord un problème politique. Chacun s'accorde à souligner la nécessité d'une solidarité entre les collectivités territoriales, toujours à son profit et jamais à son détriment.

B) La délocalisation des décisions fiscales

Si l'on écarte l'hypothèse du statut quo, que tout le monde affirme refuser, il va nous falloir faire des choix qui ne sont pas réductibles à l'utilisation optimum de techniques fiscales. C'est de politique dont il est question. A l'évidence la méthode sera celle des petits pas, personne ne proposant une mise à plat générale de la fiscalité locale. A cet égard, le choix entre la taxe ou la redevance pour financer la collecte ou le traitement des déchets[42] est exemplaire.

[40] Conseil des impôts, Dixième rapport au Président de la république relatif à la fiscalité locale, Journal Officiel, 1989, Tome 2, pp. 573 - suivantes.

[41] Conseil des impôts, Quinzième rapport au Président de la République relatif à la taxe professionnelle, Journal officiel, 1997, Tome 1, pp. 105 - suivantes.

[42] Bienvenu (J-J), Lambert (T), *Droit fiscal*, PUF, collection : Droit fondamental, 3ème édition, 2003, pp. 80 - suivantes.

Chacun sait que la taxe, crée en 1926, est additionnelle à la taxe foncière sur les propriétés bâties[43]. Elle est sans rapport avec le service rendu et a le caractère fiscal d'une imposition. La redevance, crée en 1974, n'est pas un impôt mais la contrepartie d'un service rendu[44]. Son montant est à peu près proportionnel au coût du service évalué par divers critères notamment le poids ou le volume du conteneur, mais aussi la taille du ménage ou le mode de collecte. Il faut observer que la tarification au service rendu est très répandue dans l'Union européenne[45]. Toute la question est de savoir si l'on entend faire payer l'usager ou le contribuable.

La mise en place d'établissements publics de coopération intercommunale (EPCI) délocalise la prise de décision sur cette question sans pour autant la résoudre. En effet, aux termes de l'article 109 de la loi de finances pour 2002, ces établissements à fiscalité propre qui ont compétence en matière de collecte et traitement des déchets[46], et qui adhérent pour l'ensemble de cette compétence à un syndicat mixte peuvent décider soit d'instituer ou de percevoir la taxe ou la redevance d'enlèvement des ordures ménagères dans le cas où le syndicat mixte n'aurait pas institué l'un de ces deux modes de financement avant le 1er juillet ; soit de percevoir en lieu et place du syndicat mixte la recette choisie par ce dernier. Le choix entre la taxe et la redevance reflète souvent l'opposition entre les villes et les campagnes. Les zones urbaines privilégient la première, alors que les zones rurales sont plus attachées à la seconde. L'harmonisation du mode financement du service public, de collecte et de traitement des déchets ménagers, au sein des intercommunalités est

---

[43] Articles 1520 à 1526 du Code général des impôts.
[44] Article L 233 - 4 du Code général des collectivités territoriales
[45] Suède, Luxembourg, Belgique, Finlande, Autriche, Allemagne,...
[46] Article L 2224 - 13 du Code générale des collectivités territoriales

prévue pour le 1er janvier 2006[47]. D'ores et déjà « le choix semble pourtant cornélien : quand les membres d'une intercommunalité font coexister taxe et redevance, c'est la seconde (souvent complétée par le budget général) qui l'emporte massivement »[48].

S'il est vrai que la redevance présente un intérêt, elle n'est pas sans inconvénients du point de vue de la trésorerie. La collectivité reverse au trésor public la TVA perçue sur les recettes, mais se voit intégralement rembourser la TVA acquittée sur les dépenses de fonctionnement comme d'investissement dans ce secteur d'activité qui n'en manque pas. Par contre, la collectivité perçoit la redevance en fin d'année, ce qui peut handicaper sa trésorerie en cours d'année et l'expose à des risques d'impayés. Les organes délibérants des EPCI sont composés de délégués tenant leur mandat non pas des électeurs mais des conseils municipaux, ce que l'on regrette, en conséquence il n'est pas possible d'envisager un référendum local à caractère décisionnel sur cette question[49].

Plus généralement si l'on considère que les citoyens - contribuables perçoivent la relation qui existe entre le service rendu et ce qu'ils paient, alors « de cette façon, les contribuables peuvent mieux juger du niveau de taxation souhaité en fonction de leur perception des avantages qu'ils

---

[47] Un régime transitoire avait été mis en place dans le cadre de la loi 99-586 du 12 juillet 1999 (loi Chevènement). L'article 87 de la loi de finances pour 2003 a reporté l'échéance au 31 décembre 2005.

[48] Consultez sur cette question le dossier de La Gazette des communes, des départements, des régions, 9 février 2004.

[49] L'article 72-1 de la Constitution réserve aux collectivités territoriales qui sont administrées par des conseils élus au premier degré au suffrage universel la possibilité d'avoir recours au référendum local.

en retirent »[50]. Ce serait certes l'idéal mais, il n'est pas abusif de soutenir que la chose est loin d'être vérifiée.

Une autre des grandes questions emblématiques qui a agité les élus locaux, et qui parfois continue de les inquiéter, est de savoir s'il faut partager ou mettre en commun la taxe professionnelle. Avec le régime de la taxe professionnelle unique (TPU) on a privilégié la mise en commun. Il y avait une certaine logique à réduire les inégalités de base. Cette TPU a vite été perçue comme un instrument visant à ancrer l'intercommunalité dans le développement économique et l'aménagement du territoire. Enfin, on espérait éviter que les communes ne se livrent, à quelques kilomètres de distance, à une guerre fratricide pour attirer les entreprises. La TPU a été un peu le moteur et le poumon de l'intercommunalité. Avec une taxe ainsi conçue, on a un outil d'intégration fiscale mais aussi un mécanisme de solidarité à l'intérieur d'un territoire[51]. Toute perspective de réforme de la taxe professionnelle[52] ne saurait oublier cette exigence.

L'article 31 de la loi de finances pour 2003 a assoupli le dispositif de lien entre le taux de la taxe professionnelle et le taux des autres taxes, en permettant aux collectivités locales d'augmenter le taux de la taxe professionnelle par rapport à

[50] Meadows Justin W., *Les relations fiscales entre l'Etat et les collectivités décentralisées : théorie et pratique, Les nouvelles relations Etat / Collectivités locales* (ouvrage collectif), La Documentation Française, 1991, pp. 173 - 178.

[51] Bernard – Gelabert (M-C), « Taxe professionnelle et intercommunalité », *Revue Française de Finances publiques*, 1999, 67, pp. 109 - 121.

[52] Le communiqué du Ministre de l'Economie, des finances et de l'industrie du 6 février 2004, relatif à la réflexion pour remplacer la taxe professionnelle, ne fait pas référence à cette question : Droit fiscal, 2004, 8, p. 421.

l'année précédente, dans la limite d'une fois et demie l'augmentation du taux de la taxe d'habitation ou, si elle est moins élevée, du taux moyen pondéré de la taxe d'habitation et des taxes foncières. Oublions un instant que l'on aurait pu imaginer un système plus simple mais retenons, du point de vue du principe, le signe de confiance ainsi adressé aux élus locaux. Ne doutons pas qu'ils en fassent bon usage.

Enfin, la question des valeurs locatives reste entière : « le gouvernement est conscient des difficultés soulevées par le vieillissement des valeurs locatives qui servent d'assiette aux taxes foncières, à la taxe d'habitation et en partie à la taxe professionnelle. La question délicate des modalités d'une rénovation des bases des impôts locaux constitue donc, dans le cadre d'une politique en faveur de la décentralisation, l'un des thèmes de la réflexion d'ensemble qu'il a engagé sur la réforme des ressources des collectivités locales »[53].

Combien de temps faudra-t-il encore attendre pour que l'on s'attaque à ce grand chantier dans son ensemble ? Si la taxe professionnelle mérite attention, la taxe d'habitation et les taxes foncières considérées comme injustes ne sauraient être négligées. Les difficultés à réformer[54] ne sont pas seulement techniques, elles sont politiques et fortement liées au calendrier électoral qui affiche une suite d'échéances rapprochées. Le temps de la réforme s'inscrit dans la durée, le temps politique a pour horizon l'échéance suivante. Ils n'ont ni la même logique, ni les mêmes exigences.

---

[53] Réponse à la question écrite n°24731 de Bernard Accoyer, Journal officiel – Assemblée nationale, 24 février 2004, p. 1420.

[54] Leroy (M), *La sociologie de l'impôt*, PUF, collection : Que sais-je ?, 2002, pp. 20 - suivantes.

Le devenir de la fiscalité locale

Jean-Pierre Cossin
Secrétaire Général du Conseil des impôts

Je vais essayer d'être très rapide, parce que parler du devenir sur une question qui a été abordée toute la journée et sur laquelle peu ont un éclairage définitif ne peut pas être apporté, on ne peut que tracer des pistes . Je vais donc essayer d'abord de ne pas faire de démagogie et de considérer que nous sommes dans une période où la fiscalité locale doit assurer une dépense qui va progresser.

J'ai le sentiment que les collectivités locales vont avoir de nouvelles compétences et que les anciennes compétences coûtent de plus en plus cher. D'une part parce que les citoyens sont de plus en plus exigeants et d'autre part parce que la proximité avec les élus locaux fait qu'il faut répondre à ces exigences. Parler d'une diminution de la pression fiscale, je pense que c'est bien, c'est une belle idée mais j'ai le sentiment que la réalité est un tout petit peu différente.

Je pense qu'il faut réfléchir aux questions fiscales dans cette perspective d'une fiscalité permanente lourde des collectivités locales, et non pas dans une diminution. Ce qui, à mon sens, implique une réflexion de fond sur l'assiette parce qu'il faut évidemment une assiette stable et il faut une assiette large de façon à réduire un peu les taux même si ceux-ci ne seront pas réduits.

Il faudra aussi une assiette qui soit plus juste et sans doute plus économique parce que précisément, on entre dans un impôt lourd et non plus dans un impôt qui était plus marginal il y a plusieurs décennies.

La deuxième question par conséquent qu'il convient de se poser, c'est de s'interroger pourquoi on n'a pas fait de réformes, parce que si l'on veut s'intéresser à l'avenir, il faut regarder pourquoi le passé n'a pas progressé aussi vite qu'on le voulait.

On a peu de réformes globales mais on a eu, par contre, des réformes progressives sur une longue période. On est arrivé au bout du chemin : un impôt sans assiette ou quasi sans assiette puisque la dernière revendication, c'était de prendre la valeur nette comptable. Et bien, quand on a un impôt sans assiette, c'est très simple : on le supprime et on le remplace par un autre.

On a fait cette réforme, réforme qui était induite au regard ce qui s'est passé sur une vingtaine d'années. L'impôt était devenu sans assiette. Il faudra donc que l'on en trouve une autre. Je n'aurai pas d'idées plus intelligentes que celles qui ont été exprimées ce matin.

La deuxième question, c'est que ces impôts locaux impliquent et ont impliqué des compensations d'Etat. Cela vient d'être rappelé.

Et bien évidemment, partant d'une assiette normale et réduisant l'assiette, les compensations d'assiette sont des compensations d'imposition d'Etat. On n'y reviendra pas me semble-t-il. Sous une forme ou sous une autre, il y aura toujours une participation de la fiscalité de l'Etat dans la fiscalité locale. Dire le contraire, cela peut prendre diverses formes : cela peut évidemment être des compensations budgétaires ; cela peut être des compensations d'impôts nationaux qui seraient alloués au niveau local. Mais en toute hypothèse, il y aurait une compensation d'état envers les collectivités locales. Cela paraît d'ailleurs normal et naturel lorsqu'il s'agit des nouvelles compétences. C'est aussi normal et naturel pour les anciennes dépenses.

Le passé ne nous éclaire pas beaucoup ; c'était déjà difficile de faire des réformes et vous avez pu comprendre que la Constitution ou la réforme constitutionnelle allait encore aggraver la situation. J'observe d'ailleurs que dans notre pays, on a été assez forts parce que l'on ne peut pas faire la réforme, mais on a déjà tous les moyens de mener les contentieux sur les impôts qui ne sont encore qu'évoqués. Et là, on est quand même assez doués, il faut le dire. Pour ma part, j'aurai préféré avoir une bonne assiette, un bon taux, une bonne ressource et puis ensuite m'intéresser à la question des contentieux. Néanmoins, il faudra respecter la Constitution. Il faut que les collectivités locales soient au centre du dispositif. J'ai une hésitation sur l'obligation ou pas du vote des taux ; je pense que c'est peut-être un petit peu plus subtil. C'est vrai que le bon sens voudrait que la fiscalité locale soit locale, mais il faudra aussi tenir compte des réalités.

On va respecter la Constitution et on essayera de trouver une assiette plus juste. C'est vrai que l'assiette de la taxe d'habitation pose quand même une question. On ne peut pas poursuivre dans une réforme des impositions locales en ne s'attachant qu'à la taxe professionnelle.

La taxe professionnelle a un avantage : les assujettis ont des représentants notamment la chambre de commerce. Mais, les particuliers n'ont pas de représentants. On l'a observé au conseil des impôts et on se lamente souvent de ne pas avoir de représentants des contribuable qui s'expriment sur la fiscalité sauf les entreprises. Mais les particuliers ont des représentants ; ils ont des représentants qui sont des élus locaux mais ils sont quand même un peu, il faut le dire entre nous, partie prenante dans le dispositif. On s'aperçoit que quand on n'a pas de pression quelconque, on a des difficultés à faire avancer la réforme. Les réformes de la taxe d'habitation ont permis de gommer les principales aspérités mais on n'a pas fait de grandes réformes. Je suppose que ce matin.

En ce qui concerne le troisième aspect, il faudra évidemment, si l'on veut faire une assiette plus large, une assiette plus juste, que les taux soient plus adaptés, moins divergents. Je voudrais indiquer qu'il n'est pas normal qu'il y ait des taux aussi différents que ceux qui existent dans les collectivités. Que ce soit en taxe professionnelle, que ce soit en taxe d'habitation, il y a des divergences trop fortes, y compris quand elles sont un petit peu plafonnées. Les taux sont à revoir pour essayer de les placer, me semble-t-il, dans des limites beaucoup plus précises que ce que la loi aujourd'hui autorise et ce qui est voté.

Evidemment, je veux saluer les nouvelles incitations, l'intercommunalité qui est une voie naturelle dans laquelle il faut progresser. J'étais plutôt optimiste par rapport à mon prédécesseur en disant que 31000 communes sur 36000 sont déjà dans des collectivités, des communautés et c'est plutôt pas mal. Il y en a encore quelques-unes mais depuis la loi de 1999 (loi Chevènement), on a quand même bien progressé.

Et puis ensuite, il faut évidemment des taux qui soient les moins divergents possibles, et aussi une fiscalité qui soit simple, car lorsqu'une fiscalité est lourde, il faut que les gens la comprennent. Cela a été rappelé : il faut évidemment le consentement à l'impôt. Il faut donc une fiscalité comprise, une fiscalité qui ne soit pas trop lourde à gérer parce qu'il faut tenir compte des implications de l'administration fiscale, des contentieux et il faut tenir compte des recours gracieux parce que quand il y a trop de différences entre les ressources des personnes et les contributions qui supportent, ils ne peuvent pas les payer et on fait obligatoirement du gracieux.

Par conséquent, il y a là matière à coûts excessifs et puis, cela nécessite des mises à jour permanentes qui sont sans doute trop importantes.

Il faut une meilleure assiette.

Il faut aussi respecter les décisions communautaires. On voit la difficulté avec laquelle la TIPP semble ou pas pouvoir devenir un impôt territorial. On attend avec impatience les dispositions qui peuvent exister. Et en définitive, on s'aperçoit que tous ces grands principes que je viens d'évoquer, avec lesquels vous êtes tous d'accord je pense, font qu'ils buttent sur quelque chose de sérieux qui vient d'être rappelé aujourd'hui : une réforme.

Que voudrait-on ? Tous ceux qui préconisent les réformes s'adossent à trois exigences qui sont, de mon point de vue, totalement contradictoires et qui font que si on ne les fait pas « sauter », au moins une ou deux d'entre elles, on n'avancera jamais. Il faudrait une réforme qui fasse que d'une part, l'autonomie fiscale des collectivités locales soit totalement garantie. Deuxièmement, que la réforme que l'on ferait ne fasse aucun transfert entre collectivités. Et enfin, qu'il n'y ait pas de transfert entre contribuables. Si évidemment, ce sont les trois principes de la réforme, c'est le triangle des Bermudes , elle disparaît. Il faut évidemment, si l'on veut qu'il y ait une fiscalité locale moderne et dynamique, qu'il y ait au moins un ou deux de ces principes qui disparaissent. Ce sont des principes évidemment politiques puisque les transferts, ce sont des transferts de nature politique. La question de l'autonomie des collectivités est un problème politique. On peut aussi observer que si on ne les fait pas « sauter », il n'y a aucune chance qu'il y ait un jour une réforme de la fiscalité locale.

J'avais pensé que l'on aurait pu évoquer la réforme de la TP ou même les quelques réflexions sur la taxe d'habitation, mais je voudrais peut-être simplement évoquer la question de la mutualisation parce qu'il y a quand même un rapport du Conseil des impôts qui a, à l'époque, fait couler un petit peu d'encre, c'était celui sur la taxe professionnelle où le principe écornait beaucoup les trois préoccupations que je viens d'évoquer, et notamment il se fondait sur la mutualisation. Autrement dit, un taux mutualisé entre les collectivités.

Evidemment, on est en train de supprimer le vote des taux. On peut évidemment faire des répartitions sur des assiettes locales, il n'y a aucun problème mais est-ce que la question d'un impôt local national, décidé par le législateur national avec une répartition locale qui pourrait être, en matière de taxe d'habitation - comme la Chambre de Commerce le souligne dans ses rapports - l'impôt sur le revenu ? Ce serait assez simple de retenir 10% ou 15% ou 18% de l'impôt sur le revenu affecté aux collectivités locales en fonction de la base imposable de chaque collectivité ; c'est facile mais on est en but à la question de l'autonomie et des collectivités.

Je sais que je ne vous ai rien appris. Certes j'aurai pu être plus long, j'aurai pu donner des exemples mais sur le fond, je ne vous aurai pas apporté la réponse que vous attendez à savoir : y a-t-il demain une fiscalité locale, moderne, dynamique, facile à mettre en place ? Vous avez compris que c'est très difficile si on ne fait pas une réforme globale et si on ne fait pas une remise en cause des grands principes qui ne sont pas de nature fiscale mais politique.

Nature et perspectives de la fiscalité locale

Jean-Pierre Sueur
Sénateur du Loiret
Ancien ministre

Je voudrais dans le bref temps qui m'est imparti revenir sur la dernière phrase de Monsieur le Secrétaire Général du Conseil des Impôts qui a dit : « il n'y a de solutions que par une réforme globale ». Mais en France, on ne peut jamais faire de réformes globales. Et par conséquent, si on suit cet adage, on pourrait arriver à la conclusion qu'il n'y a pas de réformes possibles et s'enfermer dans le scepticisme. Pour ma part, je crois que l'on peut changer les choses dans ce pays, il y a d'ailleurs de très nombreux exemples qui le montrent, mais à condition justement de faire les choses étape par étape. Et si l'on veut réformer, il faut une stratégie de la réforme qui fasse que peu à peu, ou par étapes, on fasse changer le dispositif.

Changer les impôts locaux, de toute façon, il y en a au moins pour 10 ans, et ce qui ne va pas aujourd'hui dans la façon dont on appréhende le plus souvent la politique, c'est que l'on fait de la politique l'art du temps court ; alors que la politique, c'est pour moi, l'art du temps à moyen terme et à long terme.

Pour cela, je vais reprendre les trois points. Tout d'abord la question de l'autonomie fiscale.

Je prends cet excellent rapport sur les finances des collectivités locales publié par la DGCL. Les impôts locaux en France, en 2002, rapportent 48 milliards d'euros à toutes les communes, départements et régions. Si j'ajoute la taxe des ordures ménagères, cela fait 51,3 milliards. Selon le même document 33,6% sont payés par l'Etat, c'est-à-dire 20,7 milliards.

Pour citer encore un chiffre, quelle est la masse des concours de l'Etat aux collectivités locales, toutes collectivités locales confondues, c'est-à-dire toutes les communes, tous les départements, toutes les régions ? En 2002 : 56,3 milliards d'euros, et en 2003 : 58,5 milliards d'euros.

Ce qui veut dire que l'Etat paye 56,3 milliards au titre des dotations, et que sur les 48 milliards d'impôts locaux, il en paye 30%. Vous voyez bien que dans les ressources des collectivités locales, la part principale vient aujourd'hui de l'Etat.

Il est possible de changer cela. D'ailleurs, c'est maintenant dans la Constitution, suite à la réforme constitutionnelle qui a été voulue par l'actuel gouvernement et l'actuel Premier Ministre Monsieur Raffarin. Simplement, je me souviens de ce débat à la commission des lois du Sénat à laquelle j'ai l'honneur d'appartenir : il faut une part déterminante, significative (à un moment, on avait voté « prépondérante ») ; mais j'ai demandé un jour au Ministre « c'est quoi déterminant ? » - il faut que ce soit suffisamment important. Mais pour que ce soit important, il faut un échéancier et il faut progressivement réduire les dotations de l'Etat aux collectivités locales et accroître à due concurrence la part de l'autonomie fiscales des collectivités locales. Ce n'est pas impossible ; c'est possible, c'est même nécessaire car ces dotations de l'Etat aux collectivités locales sont extrêmement perverses.

Premièrement et cela a été dit, elles deviennent des instruments de régulation, des variables d'ajustement. Faisons l'histoire de la DCTP (Dotations de Compensation de la Taxe Professionnelle) qui était censée compenser toutes les suppressions de TP décidées par les gouvernements successifs et qui, peu à peu, n'a plus compensé rien du tout.

Monsieur Devedjian et Monsieur Sarkozy, cette année, ont fait un changement de l'architecture de la DGF mais ça ne change rien quant aux moyens financiers des collectivités locales. Enfin, cela va peut-être changer, du moins je l'espère, dans la loi de finances de l'année prochaine mais pour le moment, ça ne change rien.

En plus, on pourrait s'interroger pourquoi, finalement, il faut qu'il y ait des dotations de l'Etat aux collectivités locales. Si cela pourrait avoir un intérêt - cela devrait avoir un intérêt – ce serait de permettre une péréquation entre les collectivités locales, car il y a des collectivités locales qui ont des charges très lourdes et des revenus relativement faibles par rapport à leurs charges. Et il y a des collectivités qui ont beaucoup de revenus et peu de charges.

Or, la part de la péréquation dans la DGF – je peux détailler mais je ne le ferai pas aujourd'hui – ce n'est pas plus que 5% du montant de la DGF.

Il est tout à fait possible de réduire progressivement la part des dotations, d'augmenter la part de la fiscalité locale et, à l'intérieur de la part des dotations, faire croître progressivement la part de ce qui est péréquation afin que ce dispositif ait un effet réellement redistributif pour les collectivités locales.

Je crois que c'est une question de volonté politique, mais il faut nécessairement étaler cela dans le temps.

Deuxièmement, Monsieur le Président, vous avez dit fort justement qu'il fallait que les transferts de compétences s'accompagnent de transferts de fiscalité et de ressources pour les collectivités locales. Je suis tout à fait d'accord. Et vous avez dit aussi que pour traiter de manière saine de la fiscalité locale, il fallait parler de l'organisation des collectivités locales dans ce pays. Je regrette que la loi sur la responsabilité locale ne nous permette pas de faire des pas qu'il faudrait absolument faire.

Les communes : on a 36700 communes. On a déjà essayé de les regrouper autoritairement, ça n'a pas marché. Donc, pour ma part, je n'y crois pas. Il y a 550 000 conseillers municipaux en France ; je crois que c'est une richesse de notre démocratie.

La voie par laquelle nous avons pu progresser – et je reviens sur ce que disait Monsieur Cossin à l'instant – c'est l'intercommunalité. Vous savez que l'intercommunalité, c'est la révolution tranquille des dix dernières années, mais c'est une révolution. Et cette révolution, elle est certes due à la loi de 1999 pour les grandes villes, pour les agglomérations mais pour l'ensemble des communes, c'est dû à la loi de 1992. J'y tiens d'autant plus que lorsque j'ai eu l'honneur d'être Secrétaire d'Etat aux collectivités locales, cette loi préparée par Pierre Joxe était « en rade » ; il y avait eu une voix de majorité à l'Assemblée et on m'a dit qu'il ne fallait surtout pas revenir là-dessus, que c'était fichu. Or, on a réussi à faire voter cette loi et aujourd'hui l'immense majorité des communes sont en communautés de communes. Et il se trouve que pour les communautés de communes, les communautés d'agglomérations et les communautés urbaines, on voit très bien que se dessine un impôt : la taxe professionnelle qui est désormais « gérée » à un niveau qui est le niveau pertinent à bien des égards ; le niveau de l'agglomération ou le niveau de l'espace rural structuré. Il est évident que, dans le monde rural, ce n'est qu'au niveau de 10, 20 ou 30 communes dans le monde rural qu'on peut faire une politique de développement économique, une politique d'aménagement de l'espace, une politique de transport, de voirie, … qui tienne la route. On a donc réussi, en mettant en place la taxe professionnelle unique (TPU), à accomplir un très grand progrès.

Et puis, il y a la région. Tout le monde dit que la région dans l'Europe, c'est très important. Je le dis franchement, qu'est-ce qui ne va pas dans cette loi ? C'est que la collectivité qui sort vainqueur, qui récupère le plus de compétences et le plus de moyens, c'est le département. Alors, il faut savoir ce que l'on veut ! Pour ma part, je dis qu'il nous faut des communautés fortes et il nous faut des régions fortes. Le conseil du département, lui, pourrait devenir demain le conseil où se rassembleraient les présidents de communautés.

Qu'est-ce que représente aujourd'hui un canton dans une grande ville ou dans une zone urbaine ou périurbaine ? Pourquoi ne pas organiser le département autour de ce qui est moteur et vivant ?

Il est possible de faire cela, et je vais vous dire comment : par le biais de la démocratie. Si on fait des élections au suffrage universel direct des assemblées d'agglomérations et de communautés, comme cela a été proposé par le Président de la République, Jacques Chirac, dans ses discours de Rouen et de Rennes, et comme cela a été proposé par beaucoup d'autres, on donnera finalement un plus aux électeurs et je crois que l'on conviendra que le canton en zone urbaine pour lequel on vote encore aujourd'hui au suffrage direct, pourrait laisser la place à ce qui est vivant.

A partir de ce moment-là, on pourrait peut-être rationaliser un peu les choses.

La décentralisation devrait être la séparation des pouvoirs : qui fait quoi ? Or, la décentralisation est devenue la confusion des pouvoirs : tout le monde fait tout. Et le projet de loi récent ajoute à la confusion puisqu'il y a trente conventions en plus pour partager les compétences dans cette loi, sans compter la loi sur l'expérimentation qui permet à toute collectivité de se doter de toute compétence pendant huit ans, et l'article 101 de ce projet de loi sur la responsabilité locale qui permet au département et à la région de transférer à toute intercommunalité toute compétence.

Si un jour quelqu'un doit aller dans les écoles, les collèges et les lycées pour expliquer comment ça marche et qui fait quoi, bon courage !

Je crois que ce n'est pas raisonnable. Certes, on ne pourra pas aller vers une étanchéité totale mais il faut vraiment simplifier les choses autour notamment d'agglomérations fortes, de pays ruraux structurés forts et de régions fortes.

Pour finir, je crois qu'il est aussi possible d'aller vers une plus grande spécialisation des impôts.

Le rapport sur la décentralisation qui a été fait sous la présidence de Pierre Mauroy, et qui rassemblait des élus de tous bords, faisait des propositions qui ne sont pas inintéressantes : à la commune on affecte la taxe d'habitation . Pour l'intercommunalité : la TP (au moins une partie de la TP) ; au département : le foncier bâti et non-bâti et à la région : une partie de la TP.

La taxe d'habitation est pour une part non négligeable obsolète. Beaucoup de Premiers ministres et de ministres ont – hélas ! - renoncé à la réformer. Les valeurs cadastrales ne correspondent plus à grand chose. L'idée de mettre un facteur revenu dans la taxe d'habitation, qui doit rester un impôt local me paraît pertinente. Je suis contre toute nationalisation de l'impôt local parce que ce serait totalement en contradiction avec le premier point de mon exposé. Et puis, j'ajoute que lorsque l'on revient à nos sources, qu'est-ce qui définit aujourd'hui une collectivité locale, historiquement ? Lors de la révolution française, on a décidé que seules des assemblées élues pouvaient voter l'impôt et qu'il fallait être élu pour lever l'impôt. Ce n'est pas le cas pour l'intercommunalité qui reste à cet égard abstraite pour nos concitoyens alors qu'elle devrait devenir plus concrète. Il faut vraiment en revenir à ces « fondamentaux » ! Quand vous êtes dans un conseil municipal, vous savez bien que vous pouvez augmenter les impôts et alors, vous rendrez plus de services et vous ferez plus d'équipement ; ou alors, vous allez baisser les impôts mais il y aura moins de services. C'est cela la démocratie !

Je suis pour que la TH reste un impôt local - mais cela pourrait être l'impôt communal par excellence – avec une variable « revenu » à définir. Le rapport d'Edmond Hervé fait des propositions intéressantes à ce sujet.

Pour ce qui est de la taxe professionnelle, on a supprimé la part salaire. Ça a été l'œuvre de Dominique Strauss-Kahn. Il reste la part « équipement ». Il est vrai que si l'on supprime la part « équipement », il ne reste plus rien. Je crois qu'il n'est pas raisonnable qu'il n'y ait pas d'impôt économique.

C'est une question sur laquelle, il faut vraiment trouver un accord. On a parlé de la valeur ajoutée. Il est évident qu'elle opère un transfert de l'industrie vers les services. Je ne sais pas si c'est la bonne solution mais je crois que ce ne serait pas une bonne solution que de plaider pour qu'il n'y ait plus d'impôt économique. Il faut absolument définir celui-ci avec les entreprises, c'est clair, mais je crois qu'il est mieux de dire « il faut un impôt économique » plutôt que de dire « on supprime tout impôt économique et on fait une espèce de TVA locale », parce que je crois aussi que le rapport entre l'entreprise et la collectivité, et entre l'implantation territoriale de l'entreprise, c'est quelque chose d'important.

Pour ce qui est de la TIPP, il y a aujourd'hui deux problèmes. Pour la région, la région voterait le taux. Donc, c'est un impôt local. Pour le département, ce ne serait pas le cas. Or, comme l'a dit Christian Poncelet, Président du Sénat, à très juste titre, dans ce cas-là ce n'est pas un impôt nouveau, c'est finalement une nouvelle dotation de l'Etat.

Je crois que l'on ne peut y arriver qu'en sériant les choses, en procédant étape par étape et en ayant chevillé au corps ce désir de la réforme. On sait bien que c'est difficile ; on sait bien que sur un sujet comme celui-là, le chemin n'est pas simple. On a beaucoup cédé à la facilité. La facilité, cela a été en quelque sorte, la multiplication et l'accroissement constant des dotations de l'Etat, et de la part de l'Etat dans la fiscalité locale. Ça a été de tout renvoyer à l'impôt national. Celui-ci est payé par nous tous. Tout cela est de la responsabilité des politiques. C'est-à-dire qu'il faut que nous les politiques, disons aux Français : L'impôt est nécessaire. Il doit être juste. Il y a encore beaucoup d'impôts qui, aujourd'hui, ne le sont pas suffisamment. L'impôt doit être efficace, utile, adapté à son objet. Cela justifie des réformes. Celles-ci sont toujours difficiles. Mais elles sont aujourd'hui indispensables.

En guise de conclusion (provisoire)

Bernard Plagnet
Professeur à l'Université de Toulouse 1
Ancien membre du Conseil des impôts

Tous les participants à ce colloque ont été au moins d'accord pour souligner les défauts de la fiscalité locale. Bien sur, les divergences commencent lorsqu'il s'agit de proposer des solutions.

Dans cette rapide synthèse, on peut suggérer trois pistes de réflexion :

Tout d'abord, il apparaît que la décentralisation fiscale ne peut être isolée d'une réflexion plus vaste portant :

Sur l'organisation même de l'Etat, notamment les différents niveaux d'administration et certains rapporteurs se sont interrogés sur l'opportunité de la suppression d'au moins un échelon administratif.

Mais il faudrait également s'interroger sur la structure d'ensemble de notre système fiscal. En effet, les transferts financiers très importants du budget de l'Etat vers les budgets locaux souffrent, à l'heure actuelle, d'une grande opacité (plusieurs participants ont déploré la complexité excessive, par exemple, du calcul de la dotation globale de fonctionnement). De plus, ces transferts présentent deux inconvénients supplémentaires : ils éloignent le contribuable de l'élu local et, de surcroît, ils contribuent fortement à la grande « rigidité » du budget de l'Etat (ainsi, pour 2004, le montant des transferts représentera environ 16 % du total des dépenses budgétaires).

La deuxième réflexion porte sur la notion même d'autonomie locale.

L'autonomie peut être financière et, désormais, les dispositions constitutionnelles d'efforcent de préserver cette autonomie.

Quant à l'autonomie fiscale, qui consisterait, par exemple, à attribuer plus de possibilités aux collectivités locales, elle pose au moins une question qui a été soulevée par plusieurs participants : peut-ont faire une vraie politique fiscale au niveau local ? Cette politique pourrait-elle être efficace ? Ne risque-t-on pas de favoriser le « dumping fiscal » ? Toutes ces questions appellent bien sur des réflexions approfondies.

Quant aux pistes de réforme de la fiscalité locale,

Trois pistes principales ont été envisagées :

1) La conservation des impôts actuels, avec quelques rénovations et, éventuellement, une spécialisation des impôts locaux par niveau territorial. Cette solution est politiquement relativement facile à mettre en œuvre, mais il est à craindre que les défauts actuels de la fiscalité locale ne subsistent.

2) Un partage d'impôts d'Etat, mais sans attribuer de « pouvoirs de modulation » aux collectivités locales. Ces dernières auraient, en revanche, la liberté d'affectation des produits. Plusieurs participants ont considéré que l'autonomie financière des collectivités locales ne serait pas garantie par un tel dispositif.

3) L'attribution d'impôts d'Etat, mais avec la reconnaissance de possibilités de modulation par les autorités locales. La solution serait, sans doute, satisfaisante du point de vue de l'autonomie financière, mais risquerait de poser des problèmes d'équilibre entre les collectivités. Il faudrait donc prévoir des mécanismes de péréquation beaucoup plus importants que ceux qui existent actuellement. De nombreux participants ont en effet déploré l'insuffisance actuelle de la péréquation.

Table des matières

649662 - Avril 2016
Achevé d'imprimer par

1livre.com
du rêve à la réalité !

Made in United States
North Haven, CT
10 November 2026

22084526R10127